谁的青春不逆反

杨杉 —— 著

陕西师范大学出版总社

图书代号：WX19N1470

图书在版编目（CIP）数据

谁的青春不逆反/杨杉著.—西安：陕西师范大学出版总社有限公司，2019.10
ISBN 978-7-5695-1089-8

Ⅰ.①谁… Ⅱ.①杨… Ⅲ.①家庭教育 Ⅳ.①G78

中国版本图书馆CIP数据核字（2019）第201749号

谁的青春不逆反
SHEIDE QINGCHUN BU NIFAN

杨 杉 著

出 版 人	刘东风
出版统筹	郭永新
责任编辑	舒 敏
责任校对	王淑燕
封面设计	ABOOK 安柒然
出版发行	陕西师范大学出版总社
	（西安市长安南路199号 邮编 710062）
网　　址	http://www.snupg.com
印　　刷	陕西龙山海天艺术印务有限公司
开　　本	880mm×1230mm 1/32
印　　张	9.375
插　　页	2
字　　数	178千
版　　次	2019年10月第1版
印　　次	2019年10月第1次印刷
书　　号	ISBN 978-7-5695-1089-8
定　　价	39.80元

读者购书、书店添货或发现印刷装订问题，请与本公司营销部联系、调换。
电话：（029）85307864　85303629　传真：（029）85303879

开卷有益

周 明

《谁的青春不逆反》是一本教育手记，作者杨杉是一位忙碌的职场母亲。她欣赏自然成长，赞同放养教育，没有给孩子上过早教班，也没有花费大量时间陪伴孩子去上各种兴趣班，却花了很多时间与精力去观察孩子，观察他的行为，研究他的兴趣，解读他的心理，倾听他的心声，并适时在一些关键点给孩子以建议和引导。孩子进入青春期后，面对学业的提升、进取心培养及青春期逆反等诸多问题，她采取书面交流的方式，在"纸上"一点一滴对孩子进行浸润与引导，最终孩子脱颖而出，由不求上进到自觉自发提升自己，由不喜阅读到写诗作赋。

在精英教育热的今天，本书如同一股清流，通过温暖平实的文字，真实再现了当今社会莘莘学子与用心良苦的父母之间的生活细节。《经历高考》中小心翼翼的父母与表面淡定实则压力山大的孩子之间的微妙关系活灵活现。《职场妈妈的陪伴》道出了想要两全其美的苦衷，阐释了因"爱"可以产生强大的力量突破两难困境。《世界在心中》讲述了孩子如何在与父母积极的互动中一步步获得心灵滋养，形成自己独特的世界观，这种看似绕了远路，实则越来越轻松的教育理念与做法值得肯定。特别是文中大量的"对话"章节，充分展示了一位耐心、智慧的职场妈妈如何巧妙地引导青春逆反期的儿子，对很多家长有极好的示范作用。

阅读此书，如同与一位老友聊天，听她对你娓娓道来她用心陪伴儿子走过的心路历程，那一幕幕生动活泼的画面，一句句似曾相识的话语，既真切，又自然。这种感觉源自作者流畅朴素的文风，真挚细腻的交流以及殷殷拳拳的母爱。学生可以从中看到中等生如何通过正确的方法进入优秀生行列，父母可以从中体会到怎样成为智慧型的家长以及与孩子保持亲密互动的重要性。对于教育机构，本书同样有着良好的借鉴作用。

一句话：只要开卷，必定获益。

以上这些就是我想对读者们说的。

2019年夏月，北京

（周明，著名作家、中国散文协会名誉会长，原中国现代文学馆常务副馆长）

目 录

第一章　世界在心中

　　世界在心中 / 003

　　让我们一起确定基准线 / 014

　　谁的青春不逆反 / 022

　　对话"世界"（上）/ 028

　　对话"世界"（中）/ 039

　　对话"世界"（下）/ 055

第二章　经历高考

　　经历高考 / 069

　　重点班与普通班 / 078

　　与书及文字的故事 / 087

　　那些我们上过的兴趣班和辅导班 / 094

　　对话"考试"（上）/ 102

　　对话"考试"（下）/ 115

第三章　做最好的自己

从普通到优秀 / 127

爱己与爱人 / 137

对话"最好"（上）/ 145

对话"最好"（中）/ 154

对话"最好"（下）/ 166

第四章　玩一次快乐人生

爱好无须太功利 / 183

让我们出发吧 / 191

离家在外好自由 / 201

我就是独一无二 / 209

职场妈妈的陪伴 / 220

守护精灵的爸爸 / 229

对话"快乐人生" / 241

第五章　成长路上第一次

成长路上第一次 / 253

儿童的世界观 / 274

童言有真义 / 287

第一章

世界在心中

世界在心中

身为父母，经常该思考一个问题，我们希望自己的孩子长成什么样？

有位朋友的孩子，是那种典型的"别人家的孩子"。从小品学兼优，高一时被学校选送到美国进行一学期的交流学习，获得当地校长的举荐，直接去美国读高中，住在寄宿家庭。在了解了美国的高考制度后，她马上提出要求："妈，给我攒钱吧，我是肯定要进排名前几的学校的，本科奖学金不好争取。"后来孩子考进加州伯克利大学，问及高考前晚上一般几点睡觉，孩子轻描淡写地说："晚上一两点。"倒把她妈妈听愣了："我从不知道你这么晚睡觉。"本科毕业，孩子顺利进入高盛公司，同时获得哈佛商学院的录取。

有次跟母女俩一起吃饭，三个人围着一个大圆桌，孩子在她妈妈旁边，要喝汤了，孩子绕过大半个桌子到我面前先给我盛了一碗汤，然后才回到座位上给自己舀汤。我大为震惊，那时候孩子仅上高一，在大家的眼里还属于两耳不闻窗外事的阶段。问朋友是如何将孩子教育的如此懂礼貌的，她风轻云淡地说，这没什么呀，在家里我让她拿两个苹果来，我肯定先挑那个大的吃。

孩子还在中学阶段，她就经常跟孩子讨论自己的工作，包括工作中的问题，还在上高中的孩子打着越洋电话给她出主意。即使是在孩子进入顶尖投行高盛公司每天加班到深夜的忙碌节奏中，仍会每天下班后给妈妈打来电话，讲述自己在工作中又有了哪些新收获，讲述自己如何在短短的时间内同时进入几个项目组并且很快就获得了新岗位的调整机会。

孩子不是父母的私有财产，他们的生命属于自己，未来的生活应该由他们自己去描绘。如果我们希望孩子将来超越自己，现在尽量少些管束，不能让他们完全按照父母的意志行事，否则我们的水平就是他们的天花板。父母要在关键点上给孩子更多方向性指引及建议，帮助而不是代他们决策。与其管理行为，不如更多的沟通心灵，了解孩子的所思所想，这样也就不会出现"他/她怎么会这样"的诧异。

我的儿子奇奇小时候并不属于那种标准听话懂事的孩子，凡事都喜欢问为什么。总是需要我们给出令他满意的答案后他才可以听话照做，带他很是考验大人的耐心与智商，但往后看，他保持住了孩童的好奇心，也不会轻易盲从于别人的说教，养成了独立思考的好习惯。

奇奇八岁时，跟我一起玩模拟人生的大富翁游戏，内容包括各种职业经历，从中可以得到钱财、名誉与快乐。当然，风险无处不在，在此过程中你可能也会失去上述一切甚至包括健康。玩后我们一起总结，奇奇说钱财、名誉、快乐这三者他都想要，但钱财希望会多一点。但是如果需要舍弃，首先舍弃的是名誉，有名虽然是好事，可也会带来很多坏处，比如你干点小事都会被别人盯着；其次舍弃的是钱财，只有快乐是不能舍弃的，如果没有快乐，人生还有什么意思呢？虽是童言稚语，但所谓三岁看大，在奇奇之后的成长轨迹中，能够看出他始终关注内心需求。

四年级末期，关于小升初要不要上重点以及学奥数第一次开了家庭会议，奇奇看出了爸爸妈妈之间有分歧，起初有些抗拒。妈妈说："这是与你相关的大事，必须得听你的意见。如果选择上重点中学，就必须上奥数，因为要考奥数；但是你可以选择不上重点，那么就可以不上奥数。"

奇奇的问题是上了重点是不是就一定可以上好大学。

"不一定，如果你不好好学习，照样会考得很惨，普通中学也能考到好的成绩，只是高手会少一些。"

"按你们学校的情况，会有一半学生进入重点中学。"必须把客观情况说得再清楚一些，以帮助他进行选择。

"你可以选择普通中学，爸爸妈妈不会责怪你。"无论如何，宽心话是要说的。

"哼，你们表面上不说，心里会鄙视我的。"其实小孩子心里是很清楚的。

小孩子的决策很快，三两下就明白了其中的利害关系。给出自己的结论："上重点学校的普通班。"后来去上奥数班也就顺理成章，最终倒也果真如他所愿进了重点中学的普通班。

十二岁生日那一天，我们与奇奇进行了一次正式对话。

首先从什么是有意义的事开始说起。奇奇觉得自从考完试后，整日沉湎于游戏游玩心里委实不安，觉得这都是些没意义的事。我说其实得失寸心间，关键在于自己的理念，你可以从任何一件事中发掘其意义。就如同晒太阳的渔夫与富翁，内心的理念是不一样的。你愿意做哪一个，就持哪一个的理念，最怕的就是渔夫一面羡慕着富翁的生活，一面乐于晒太阳的悠闲，那就真是自讨苦吃了。

人为什么活着，这个问题有意义吗？奇奇说生活本没意义，是自己给生活赋予了意义。这个意义是什么呢？

高一下学期，他给自己确定的人生目标是"开心快乐每一天"。然而我当时的目标是希望他能确定自己要奋斗的大学或者未来的专业，所以对他这一点颇不以为然。奇奇却振振有词:"我就是要把开心快乐当成生活的目标,比如我在学习中寻找到开心快乐,我读书也是希望找到开心快乐,这样才能把日常的每一件小事都做到最好。"

生活是如此的神奇。赫然发现,过了四年之后孩子已然将当年他十二岁生日时我的话语渗入到他自己的生活理解中。

高一时,奇奇开始疯狂地读书,有时读到兴致处,会情不自禁与我分享:"妈,我今天在学校看了孟子的一些观点,很有意思……"

我很惊讶:"你这么短时间就可以把那么复杂的观点表述得这么清楚,怎么做到的?"

"我看到很精彩的内容时就会自己分饰两角,由这个自己来讲一遍给另一个自己听。"

我更惊讶了:"你何时学得如此本事?"

"我从小学六年级开始就喜欢一个人冥想,然后试着与自己对话。"这个情节大约有印象。那时候我们经常在节假日自驾出游,奇奇经常会制止试图与他说话的妈妈:"别说话,我正在冥想。"

最忙碌的高三备考时期,不断有同学来与他探讨人生的意义。此时,有了大量阅读及思考的奇奇,对此已有清晰理解。当我好奇地问他是如何回复同学时,他起初并不愿意作答,后来我"谦虚诚恳"地对他说:"我不会评价你的见解,只是好奇，妈妈像你这么大时并没有什么对人生的理解。"他这才说："人生本无意义，是自己的加持。但是每个人对于生命的理解不同，所以我的理解并不适合于你，你必须找到自己的意义。"

我依然好奇："你对人生的意义是怎么理解的？"

"我的理解是心即宇宙，我希望能历经丰富的生活，看尽人生百态，获得完整的人生体验。"听起来依然比较玄奥，但有一点是确定的，他对自己的生活充满了无限的渴望，对自己满怀责任感。

正是有了这种心态，他对生活的热爱与高中负荷重重的学子们显得不那么雷同。

以下是他在大一寒假时写给高三学弟学妹们描述自己心态塑造过程的一段话：

> 我是一个热爱生活的人，因此我很讨厌一种说法叫"熬"过高三。你也许早在高二、高一，甚至高中以前就听到了这种说法。的确，高三确实相比其他时间要忙碌艰苦乏味"一些"，但我不认为要用"熬"这种说法。当你在用"熬"的心态对待你的生活时，生活中那些尚存的趣味也会因此消逝得无影无踪。
>
> 即使是在极为忙碌的高三，我依然可以用周日下

午的时间去咖啡店看自己喜欢的书，下雪时依然可以去楼下看雪或玩雪，校园里的蜡梅、紫薇依然如常开放，藏在学校草丛中的鸢尾依然能给我惊喜；即使是在大家都忙于学习的高三，我也在这段时间认识了几个非常谈得来的有趣朋友；每天晚上睡觉前依然有一段只属于自己的时光，可以不顾一切随意畅想。

以上只是我所享受的在高三依然存在的趣味，只要你相信高三不需要"熬"过去，在这样的时光里你依然可以找到那些美好而值得享受的事物。

看起来我似乎是在说一些无关紧要的事情，这似乎与你当下的学习无关。但这些对待高三生活的态度，将很大程度上决定你的心态，而你的心态，往往成为最后关头的决胜宝具。

高三是一场持久战，而且等待在这持久战最后的，是一个一局定结果的考验。前者需要心态去维持状态，后者需要心态去确保发挥。我们学校的学习方式确保了你有一个必能制胜的方法（这一点请一定要相信），但往往最后造成实力相近的人结果不同的，一是心态，二是细节。

对于细节的事情我确实无太多经验可讲（我本身的问题就在于忽视数学计算的细节），但对于心态的调节我确实还有不小的自信。一个我一直行之有效的方式，就是相信——"生活中从来没有哪件事情本身会使你异常痛苦，往往是你自己的观念冲突导致了自己的痛苦"。

相信你也应该经历了很多场考试，其中必然有失利带来的难过。因为我对你并不熟悉，并不知道这种情况给你带来了多大的冲击。你也许会因此责怪对你要求过严的老师，责怪这磨灭人性的制度，轻则暂时垂头丧气（这自然是正常反应），重则会陷入某种情绪的折磨之中无法脱出，而高中时期又是形成价值观的爆发时期，这样阴郁的心情也许会给你造成长久的影响。

我想说的是，当你产生这样的情绪时，其实根源并不全在这环境中，说到底，让你如此煎熬的，正是你对自己的压迫。而且造成极其糟糕情绪的往往是些毫无必要的压迫。譬如你因一次重大的失利导致某一次模考分数极低，你出奇愤怒（或是懊悔至极），责怪自己的不中用，因此开始质疑制度、质疑人生（这听起来也许有些蠢，但是很多人确实是这样的），陷入某种更为消极的循环中。的确对自己施压的本意是为了更好地奋起，但是在这种情况下这些对自己的压迫只有消极影响。倘若你能意识到这一点——当你发现你对自己的要求或压力毫无积极作用时，不妨把它放置在一边。

内心的痛苦源于观念的矛盾,当你放下矛盾的一方时,这种痛苦自然而然就消逝了。

这样的方式很容易被理解成因为成绩过低而降低自己的期望,实则不同。只有当你发现此时你对自己的施压毫无意义且只有消极影响时,最好暂时放下这些要求,重新梳理失利的原因。很多人在与自己斗气时未能意识到这一点(毕竟说出来听着很容易),我看到太多的高三同学仿佛活在某种煎熬之中,很多人在艰难地走(或者说爬)过高三后会非常感激这段"煎熬"的日子。的确,我承认高三给人的成长是巨大的,在高三学会的诸如处理繁重任务的能力到了大学也是十分有用的。但是,高三,没有必要是煎熬过去的,它同样可以有自己独特的光彩(经常有人灌鸡汤说高三洋溢着奋斗的光彩,我不敢苟同,这份光彩究竟是什么,由你自己来决定)。

送出我最喜欢的一句话作为告别吧:

世界在你心中,你所拥有的宇宙是由你的心所决定的。

不得不承认,孩子的成长之快远超父母想象,当我还想着以自己多年的生活经验帮助奇奇定位未来目标时,他已经以自己的理解回答了老妈的问题：

> 实际上除了每个人给自己的目标，社会也会给每个人有强加的目标。我并不能说哪个好哪个坏，最好的情况是：二者是融洽且统一的，因此不会出现什么问题。但很常见的情形是一个干扰另一个，最终使个人感到极度的不快和压抑。
>
> 我可以拿大学环境举个例子。
>
> 对于学习，我个人的期望自然是希望在学习中尽可能多地获取知识，在大学里应该尽可能去学习那些自己感兴趣的课，乐此不疲。
>
> 但这是我的个人目标，实际情况是：在绩点考核的大环境下，这种社会环境强加给我们的目标就是努力去获得更高的绩点，因此许多人选课，并不取决于这门课是否有趣，自己是否非常想了解这些知识，而是这门课是否容易拿高分。
>
> 我相信有些和我一样的人，他们也是抱着同样的学习目的，但是在这种社会环境下，最终不得不改变了自己的目标，也向一种唯分数的做法靠近，个人的目标就是这样被社会的目标所吞噬。的确，如果个人目标不明确，并且没有足够坚定的信念去支持自己的话，就会

被社会所同化。被同化的人，很多人声称：他们是被迫的，是社会让他们如此。实际上，是他们自己放弃了属于自己的目标。我以前说过那些终日忙碌又不知为何忙碌的人，就是属于这类。终日忙碌是因为他们被社会的目标所驱使，不知为何忙碌是因为他们缺乏属于自己的个人目标。

　　所以我相信在大的社会里这种情况更常见，当今社会赋予个人的目标往往是财富、荣誉等，而对于那些追求的并非这些的人，一定要小心在自己的追求过程中，自己的目标往往会被社会目标所影响。也许有的时候看到那些社会成就高于自己的人，会有羡慕或不满，但是应当反思——我与他的人生追求是一样的吗？我与他的价值取向是一样的吗？如果不是，那么这是完全没有可比性的，毕竟，你们根本是走在两条道路上的人。

2019年5月

让我们一起确定基准线

关于生死

奇奇有一个小玩伴,小他半岁,是隔壁的宝宝。

两个小朋友经常一起玩,经常免不了闹别扭。

有一天事态有点严重,宝宝在门上贴了一张纸条:从此不和奇奇玩八天。奇奇在后面加了括号与注释:"因为发生争执了。"

我问奇奇:"为啥呀?"

"他要玩我的玩具,我不让,就吵了起来。"

"你们俩不是好朋友吗?怎么为这点事就吵得不开心了?"

"那他要是不满意,我就把自己打死,让他失去一个好朋友。"

童言无忌,老妈听了却是大惊失色。难道在孩子心目中,死就像《猫和老鼠》中演的一样,无论怎样生命都可以复原吗?

"奇奇，你记得之前养的那只小鸡吗？小鸡死了，就再也回不来了。当时你是不是很伤心呢？"

奇奇沉默了。

初中二年级，年级有一个小孩跳楼了。消息传来，很多家长都说千万别告诉孩子，害怕对孩子产生负面影响，还有以后一定要对孩子好一点，千万别让孩子想不开。

放学后我去接奇奇，问他知道这件事吗？

他说听说了，而且知道是重点班的。"他是考了倒数第一名吗？"我问。

"为什么倒数第一名就要自杀呢？我们班也有全年级倒数的也没见人家要死要活啊！"

"其实你想错了，全年级倒数的人才不会想要自杀呢！"奇奇又说。

这回轮到我吃惊了："为什么？"

"一般情况下只有受到一连串的打击才会这样，全年级倒数的孩子根本就不会在乎这些。"

"那你们会有什么一连串的打击呢？考试没考好？被老师批评了？跟同学闹别扭了？这都有什么呀，你们才十三岁，大好的人生还没开始呢。你还记得以前你说过，爸爸跟妈妈还有之前的无数人，算下来几千个人才造就了你。再说了，放弃生命，就放弃了那么多好玩的事，多可惜呀！"

"对啊，不管发生什么事，至少我还可以玩电脑呀。"看来电脑真是孩子最大的惦记呢。

我告诉他，在他不满十八岁之前，无论做了任何错事，哪怕就是犯了罪，也有爸爸妈妈作监护人，无论别人怎么看待他，我们都会永远爱他，维护他，原谅他。

回到家里，这个话题继续讨论，爸爸的言辞可是与妈妈完全不一样："如果一个人碰到问题就自杀，他就是懦夫，我们鄙视他！"果然男人之间的对话还是有力量。

初三的时候，年级又有一个同学自杀了，这次再问到奇奇的时候，他只说这位同学可能想法太不成熟了。

上了大学，每个班上有两名心理委员，一男一女，要接受培训，观察同学们的一些异常反应，防止心理疾病。奇奇担任了心理委员，业余还在网上结识了一些有心理疾病的孩子，为他们做心理疏导。

关于规则

小孩都有耍赖撒泼的时候，奇奇也不例外。第一次躺在地上蹬腿，然后看着大人如何反应。我们一致的反应是转过头不再看他，于是奇奇就自动站起来了，从此以后再没有出现过躺地上的情景。

奇奇很小就有了自己的零花钱，自己管理，有时候要买个大件玩具，跟我们商量，我们就会要求他从自己的零花钱里拿一半出来。后来爸爸又提了一个要求，花钱要做记录，奇奇嫌麻烦，不记。那也可以，财权收回来，每次用时再申请，试行后发现还是不好，算了，双方折中，自己管理，五毛钱以下的花费就不记了。

上学后奇奇迷上了玩游戏，爸爸再一次制定规则，限时，每天半小时，后来到小升初时压缩到每周末两小时。奇奇把这个规则使用得极其出色，开机以及游戏启动的时间不能计算入内。其实，奇奇经常超时，往往是到时间后还需三番两次催促才恋恋不舍地关机。

每个成长中的孩子都会因为跟爸爸妈妈说不到一块儿而来个摔门而去。第一次，老妈出门发现奇奇并未下楼，而是躲在楼道的阴暗处。后来在海南的台风夜里，小伙子下楼后让老妈找了回来。之后，老妈也制定了一条规则，生气可以，出走也可以，但是离家不能太久，半小时足矣，省得我们担心。

上高中后，老妈提了一个要求，高中课程复杂，我们在学习上基本帮不上什么忙了，所以分工如下：你管学习，我们管生活。学习上由你自行安排，我们不做干涉。包括老妈如果想去学校见一下老师，都要事先征求奇奇的意见。规则制定好，果然奏效,虽然懒惰的老妈仅在高一学期末去见了一次任课老师,然后一直到高三被班主任叫去了一次,之后在临近高考前趁晚自习值班的时候见了一下任课老师。奇奇事后也会很有兴趣地跟老妈讨论与老师见面的情况。

与奇奇谈及给他小时候制定的那些规则,他基本已经淡忘,但我却从他现在做事的点点滴滴里分明看到了小时候的印迹。

关于选择

奇奇面临的第一个重大选择是小升初,经过召开家庭会议,列举了各种可能性,最后由奇奇做出选择,上重点中学,学奥数。

到了高中,再次面临选择,文理分科。奇奇在文理科方面势均力敌,完全看不出到底哪边有优势。

爸妈私下商议,觉得奇奇学文科优势更强一些,从功利的角度看,他在文科的排名应该能比理科考取的大学更理想一些。

然而奇奇很坚定地说自己是一个不折不扣的理科生,尊重孩子的意见,那么就选择理科吧。

进到理科班后,奇奇的排名直线下滑,他不以为然:"到文科班也会是这样的,因为我没有文理偏科啊。"

最难的选择来了，报志愿，选专业。

高二时，奇奇就喜欢上了心理学，最初意志坚定地要学心理学。爸妈听了有点不甚乐意，为什么呀？

"这与我的志向有关，将来要研究人，了解自己，了解他人。"

爸爸上场了，从职业与兴趣的关系讲起，从将来选择的宽度讲起。

这样的讨论持续了很长时间。

高考完，就到了选择学校的时候了。根据分数，只有那么几所大学是在这个分数线左右的，奇奇轻而易举地把眼光放在了其中一所学校，理由之一是这所学校有心理学专业，将来上大学后可以辅修。

我很好奇："你是怎么想通不选心理学专业的？"

"我了解了一下，很多心理学家最初也不是学心理学出身的。而且，我反问过自己对心理学感兴趣的初衷是否就值得我去钻研心理学？"

我隐隐听出了端倪。

报志愿前两天，到学校参加各个学校的高考咨询会，他只到理想中的学校咨询完就宣布结束。我和奇爸问是不是还应该再看看别的学校，他说那是你们的事，我自己的选择已经确定了。

经历过高考的人，会发现填报志愿的纠结不亚于高考。

高考你只要一门心思往好里考就行了，到了选择志愿时，会发现孰优孰劣很难有个公允客观的判断。

在一个咨询点，一位家长问老师："请问你们学校最好的专业是什么？"

"你孩子喜欢的专业就是最好的专业。"

一位朋友的孩子与奇奇的成绩相近，两家商量报同一所大学，同一个大类专业，结果在最后一刻他选择了另一所大学，因为在报名点上被那所大学的招办主任最后一刻游说成功。

在报志愿的最后一个晚上，很多家长与孩子半夜起来查资料，再次斟酌选择。一些家庭在报完志愿后不开心，因为父母与孩子没有达成一致。一位朋友的孩子在报志愿的最后一天消失不见，理由是父母选的专业他不喜欢。

奇奇跟我说："好多同学自己没有成熟的想法，父母也给不到很好的建议。"

其实我心里清楚，奇奇如此轻松果决，一方面是他本性不甚纠结，更主要的是关于这次选择，我们早就已经持续讨论了很长时间。

在高考完等待成绩出来的那一段时间，我们带着奇奇走访亲友，与他们交流看法。其中在国外读书的一个姐姐很详细地告诉了他如何在网上查各个学校的专业特色和各个专业的培养方向，回来后，他自己上网实践。看似简单的决策其实背后的功课与心力一点也不少。

其间，他提到一些亲戚给的建议自己并不愿意采纳，我们说，只有至亲的人才会在这种时候关心你，给你建议；而且，选择志愿这种问题，也并不是普通的人可以给出建议的，需要具备很好的社会经验与阅历才能做到。

上大学一个月，学校就要求确定专业，这次他痛快又出乎我们意料地选择了计算机科学。

当他把选择理由以及为此所做的功课讲给我们听时，我们第一次没有长篇大论与他讨论，虽然明白未来还有多种的不确定性，我们所能做的也许只是越来越微弱的建议，最终的选择权还是在于他。

只要是自己做出的选择，无论将来遇到什么，希望他都无怨无悔。

2019年5月

谁的青春不逆反

关于青春期的逆反,听了不少孩子的许多故事后,我得出的结论是,青春期的逆反就是你说东,他往西,你让朝南,他偏去北,反正就是跟你对着干。

奇奇大概从六年级开始,出门不再让我拉着手,不许我在外面说他的小名,开始嫌我唠叨,以前每周雷打不动到我房间"陪我睡"的日子也一去不复返,甚至在我的强烈建议下也只愿自己睡,并且说:"我这年龄不适合跟你睡了。"

初一时,由于遭遇小升初滑铁卢,我要全力帮助儿子赶上去,心想正逢儿子的青春期,如果还没有让他回到正轨就开始逆反,那如何了得?所以只能跟时间赛跑。

初一平稳地度过。暑假期间,一家人去半坡博物馆,正当我像往常一样大声叫奇奇跟上我们的脚步时,他用正在变声期的低沉嘶哑的声音对我说:"妈,你喊叫什么?看你那龌龊的样子。"我一下子蒙了，怎么回事？瞬间反应过来，这就是逆反的表现吗？后来上了车，我对奇奇说："孩子，你现在才十三岁，就看我不顺眼了，将来你长大可怎么办呢？"奇奇说了一句话立刻令我云开雾散："我就是这两年会这样。"

之后每当在外面，当他突然用令我意想不到的方式行事时，我就做出一副若无其事的样子。因为我清楚，他也清楚，他只有这两年会这样。

在公共场合，无论他用多么激烈的语言，我们彼此保持着这样一种默契倒也相安无事。在家里发生的各种磕碰则无法避免，单是在学习方面，初一要补上小学欠的课，关于学习习惯、效率、心态等各方面，个个都是大问题。常常会为有没有按照要求做作业，作业中途去玩游戏，困了睡觉了，母子俩闹得十分不愉快。还有其他方面的问题，与人交流、交往方面的困惑，对人说话行为的不礼貌等等，我力图在逆反期补上的课是这么多。

怎么办呢？没有太多时间允许我慢慢来。于是，我开始用文字与奇奇交流。每当发生一个问题或者是当面交流可能会引起冲突的时候，我就写成文字，在放学接他的时候放在他座位上。这一招在整个初中时期，对于缓解青春期逆反、密切母子之间的交流起到了莫大的作用。很多时候，一些当面交流可能会引起轩然大波的问题通过文字传递给奇奇时，他不再有什么过激反应了。

初中是孩子希望证明自己已经长大，但实际在心理上还是对父母有着较大依赖的时期；到了高中，青春期的逆反反应不像初中那么明显，常常是嘴上答应着，实际上我行我素。这一时期，孩子心智明显成熟，加上知识的积累，他不再从心理上对父母有过多依赖，对自己的判断与行为日益自信。

有一天，我按照常规与奇奇套磁："最近在玩什么游戏呢？"以前这样的开头，必然会引发儿子的兴奋，我趁机再跟他学点新名词，聊一聊我们那个时代的游戏，其乐融融啊！但这一次，奇奇先是沉默了一下，然后说："我知道你想说什么，你想以这种方式表明你对我的关心，但是，我说的什么你根本听不懂，不用说你了，就是我们同学，不在一个圈里玩的，也未必听得懂。"

我的孩子，真的长大了。

高一第一学期刚入学，老师就给每个孩子提了个要求，让树立自己的小目标，实际上是希望孩子尽快确立自己感兴趣的学科方向与学校。奇奇并没有马上确定这个小目标。

学校每学期都会请名牌大学的教授来做讲座，一天听完中科大一个教授的讲座，奇奇很有感触："我身边的人都太优秀了，早早就确定了自己未来的方向，有想学航天的，有想研究材料的。至于我嘛，我压根儿就不知道自己擅长什么，怎么能确定未来的方向呢？"

到高一下学期，我不能再允许儿子继续这样下去了，下了死命令："人生不能没有目标，即使你不知道未来要干什么，至少，你当下需要确定一个小目标，给你一个月时间确定。"

然后有一天，儿子兴冲冲地告诉我："妈，我确定了目标，不但适用于现在，还可能适用未来很长时间。"

"是什么呢？"

"开心快乐每一天。"

我在肯定他的同时，告诉奇奇，这不是目标，目标应该是一个可以量化的，需要通过努力才能达到的标准，比如考上某大学什么专业。

奇奇振振有词："我就是要把开心快乐当成生活的目标，比如我在学习中寻找到开心快乐，我读书也是希望找到开心快乐，这样才能把日常的每一件小事都做到最好。"

上了高中后的奇奇在阅读方面的广泛涉猎，给他带来了很多感受，首先就是青春为什么存在？

高中学生总有一种为高考而生的宿命感，尤其在重点高中里，校园里、教室里到处都是高考状元、竞赛优胜者的照片，使得大部分学生都唯成绩论，不再遑论兴趣与爱好，即使是参加学科竞赛，也无非是因为这科比较容易取得成绩。

奇奇说他要享受现在的青春。

进入高二理科班,奇奇着迷于文学著作、诗词创作,业余时间游历于古城的大街小巷、书店咖啡馆,寻找着自己心灵的寄托。

高三伊始,他说确立了自己未来的方向:心理学方向,以研究人的认知、体验世间百态为目标。

他开始以一种独立的方式面对世间万物。

对爸妈之间的争执,一副居中人模样,不管谁的问题,只要发现谁占上风,立刻打压,以维持双方的平衡;对老妈的唠叨,不再表现得不耐烦,一口一个"好"先把老妈打发了事。对老爸的强势,采取了以强还强的方式。高一下学期到高二上学期这一年,跟老爸强力对峙两次,两人手脚并用、一副打架的架势。老妈见势不妙,上前阻拦,反被椅子磕到了腿。次日跟奇奇谈及此事,奇奇云淡风轻地说:"你不用劝阻,我们都没有动真。"咦,明明记得当时奇奇撂给老爸的话是:"我不怕你,你不要用这种方式来对待我。"怎么回事?"你没看见,我一示弱,我爸立刻住手。"噢,原来父子之间的对峙是这样的。

青春期让父母最担心的是少年维特之烦恼,奇奇在初三时期的一段经历让爸妈操心不少。不便公开,那就隐秘地提及吧,这一段经历,想来奇奇是心知肚明的。其实作为父母只是希望自己的孩子能够不受伤害、不影响学业。

上高中时，眼看着他一副心不在焉的样子，明白孩子又遇到了感情纠葛。但是这种问题父母无法代劳，也无法以一个过来人的身份去指点江山。对于事中人来说，也许这些都将是必经的过程。老爸看着儿子的样子，说恨不得给他指点一二。青春期的小伙子血气方刚，但没有任何技巧。然而也许，青春期本就是拒绝技巧的。

常常，我听到别人家孩子的青春期逆反案例，就会想着我儿子会不会也如此呢？我想在成长的过程中，会有那么一些微妙的时机，需要你精心把握，我庆幸自己在这个过程中细心揣摩，从而让儿子在青春期这个特殊的阶段尽享所有，没有过于逆反。

写于2017年12月，改于2019年5月

对话"世界"(上)

希望这是一个新起点

儿子,这个假期开始,你以一个全新的面貌出现在我们眼前。

去美国是一个开始,那段时间我的作息跟你在地球另一边同步,每天上班第一件事就是上夏令营网站去看你们的报道,搜罗一下里面有没有你的照片。刚开始,因为你总是不跟我们联系,心里实在放心不下,一周之后,也就适应了。没有消息就是好消息,何况每天都能看到你们的行程。

回家后,欣喜地看到你有了那么大的变化。原本以为你肯定会丢点东西,毕竟这是你第一次远离家门。可是你没有,所有东西都完好无损地带回来了。还给爸爸妈妈带了很多礼物。说实在的,前次去新加坡回来你两手空空,妈妈当时真的很失望，心想怎么会让儿子变得心里这样不记挂父母呢？这次的礼物，看得出你很用心。每一样，妈妈都很喜欢。当你把礼物送给乐乐姐姐跟辰辰哥哥的时候，你也能看得出他们的高兴。

也许是因为觉得自己成为一名中学生了，看得出那种心理上强烈要求自立的感觉支撑着你。特别是从美国回来，回家第二天跟同学去游泳，把我吓了一跳，当时第一反应是你根本就不会游泳！结果一会儿你电话就打来了："妈，你放心吧，如果我真的不行，在美国游了那么多次，早就挂了。"前天晚上你说在外不用担心你，确实如此，在你军训期间，我一点都没为你担心过，包括没带筷子的事，我也看到你自己很好地处理了。那天跟姥姥打电话，我很高兴地告诉她你这个假期的变化，姥姥也很高兴，觉得你这么小就能自理真是不容易。所以看来平时真的是妈妈操的心太多了，儿子真的长大了。

看到你穿着白色的校服，以前真没觉得那衣服有什么好看，可是你穿上之后，才发现学校当初选衣服也是很用心的，这样的蓝，这样的白，彰显了少年的活力。

前天回来，你平静地跟我说：妈，我的小练笔老师给了A^+。昨晚，当我看到你那篇《我终于看到了大海》，第一反应竟是仿写！及至问后得知是你自己写的，真的很吃惊。这样的写法，这样的思想，确实出乎我意料。看来，几年的积淀，你内心已经丰盈充实了，所以才会有这样的感悟。儿子，你真的给了我惊喜。

中学生活开始了，希望这是一个新起点，希望你在这个新的平台上以现在这样一种自信、自立的心态对待一切。我相信，你一定会出类拔萃的。

2012年9月

什么是幸福

你这篇作文不让我看，说是写得烂，可我看不是这样的，你对幸福的第一理解很准确：不同的人有不同的幸福标准，至于如何获得幸福并保有幸福，你心里还没有定论，因而会言之无物，才会出现你认为的"写得很烂"。

其实对于一个十二岁的少年来说，理解如何获得幸福并保有幸福确实很难，妈妈人到中年，尚且对这个命题的理解浮浅，有的人活了一辈子，言及幸福，仍然四顾茫茫。前一阵央视关于幸福的调查"你幸福吗？""我不姓福，我姓曾。"大笑之余，其实能发现国民对于幸福的理解是多么的淡漠。毕淑敏那篇《幸福盲》讲述了令人深思的一件事，幸福就在眼前，就是你经历过的种种平凡，而你不幸把它都忽视了。还有那篇《提醒幸福》，说的大抵也是这个意思。

不知我这么说，你有没有理解？其实幸福就是我们能看到的那些不起眼的微小细节，比如我每天能接你放学跟你在路上聊天，那一刻我就是幸福的，因为你是我生命中最重要的一个组成；我陪姥姥在文艺路逛街为她买了她很喜欢但其实并不贵的几件衣服，看到她眼中的欣喜，那一刻我也是幸福的，因为我深知她最喜欢的就是逛街购物；当你跟爸爸走在一起，像兄弟一般讨论着问题，我在后面看着你们相似的走路姿势，那一刻我也感觉到了幸福。这些幸福的瞬间能够被我感受，是因为它们对我很重要。你所期待的、你所重视的、你所挂念的，这些都是你生命中不可或缺的一部分，当它们完整地呈现在你眼前时，你就有了幸福的感觉。

所以，我的理解是，幸福是一种感觉，是你对生活中重要部分的感知，它们的完整、完美，你所渴望的事件的实现，就是你能感觉到的幸福。

如此说来，幸福其实并不需要获得。你会说，如果我要追求成功，感受到成功后带来的幸福，是需要下功夫去努力的。其实，当你追求把一件事做成功的时候，这件事对你就是重要的，在追求成功的过程中，你会无数次感受到幸福。这个感觉，也许那个与穷渔夫对话的富翁，他心里最清楚，他所要的幸福，绝不单是功成名就后能享受晒太阳的那个片刻。反之，如果整个过程他从未感觉到幸福，那么他就是一个幸福盲,他永远也不会感受到幸福。

2013年1月

慢慢来

这几天,已经没法让你别急。

别生气了!

连着上八天课,还要对付每天的作业与复习,你心里着急,这我知道,可是我也没法替你!

我自己也是一团乱麻,忙得四脚朝天,虽说元旦好好地休息了三天,可接下来每天排满了的日程,一件接一件的事情,心手腿并用,雪上加霜又赶上部门一个得力"大将"调离,我都不能多想,想着就觉悲摧!

可是又能怎样?生活还要继续,眼下的日子如果觉得难过,也只有咬牙坚持,不用多想,多想又能如何,又有何益?倒不如平心静气地对待一切。

人生就是这样,如同水流过山涧,不可能一马平川,总要赶上那些难过的坎。当时激流勇进,冲过难关,到了水流平缓处,回想着冲过那些难关时的惊险与曲折,不由心生得意。繁忙与悠闲也是这样,如果一天天悠闲自得,人便感觉活得没有精气神,总是慢悠悠的;一旦赶上这种耗费精力的时日,初始感觉精神抖擞,继而倦怠,最后懈怠。那些意志力薄弱、体乏力单之躯自然是无法经受得住时日的煎熬,很快便败下阵来。可是冲破艰难到达彼岸的人,会在一次又一次的风雨历练中愈来愈成熟。

我始终认为,如果人一生只在轻松悠闲中度过,看似美好,实则丢弃了生活中很丰富的另一面。当然谁在这些磨炼的过程中都不会感觉轻松,那么既然无法做到轻松,我们就没必要让心情再那么沉重,是什么就是什么吧,来的就接着。不多想,不算计,该做什么就做什么,当然得空让自己的心情放松一下最重要。看看窗外的美景,想想生活中的美好,这些都是你教我的,实在不行的话,就闭上眼睛,先让自己休息一下,然后开始。

2013年1月

不用事事告诉我

昨晚回家,你正在书房查资料做生物探究作业,听到开门的声音,你说:"今天下午磨叽了一会儿。"十一点,我去睡觉了,你还在做着,快十二点了,你推开我的门说:"今天做不完了,我明天再做吧。"

如果这段话给第三个人看,他肯定会说:"嗯,这个孩子真是既刻苦又懂事。"说真的，我自己去睡觉而你在那儿挑灯夜战，还真的是心里不好受呢。可是一想到你屡次向我说的不能把你当小孩看，就算硬着心肠也得让你自己来处理这些。

可是，从你对自己做的每件事都告诉我来看，妈妈的放手做得委实不够。所以会在我一进门就告诉我当天的进度，明知我已经睡了，但还要告诉我你的计划，这分明在说："因为妈妈对我不放心，所以我需要时时告诉她我的情况。"

儿子，人成长的过程中，小时候由于自觉性与自律性不够，需要成人的督促；即使是成人，在工作的过程中，也需要有工作纪律等来约束自己的行为。儿童成长为一个成人的过程，就是学会自觉自律地处理问题的过程。而你现在，已经在不知不觉中以自觉自律的标准来要求自己。所以你不需要事事告诉我，只要你自己处理好即可。

记得小时候你学骑车，最初在后轮上是有两个支撑的小轮的，开始要卸掉这两个小轮对于你来说是一个高难度的挑战，那一天，你让我一直在后面扶着，不能松开。

有个词叫作"心理断奶期"，断奶是一个很痛苦的过程，习惯了母乳喂养，骤然要接受硬硬的奶瓶与味道全然不同的牛奶，对于婴儿来说很难接受。你在十个月的时候断奶，那之前你一直吃妈妈的奶，从不吃奶瓶，半夜醒来哭着要吃奶，妈妈不能在你身边，爸爸陪着你睡，你一直哭啊哭（妈妈在旁边听着也哭，但不能出声），哭累了就睡着了，实在饿得不行了，喝点果奶，就这样硬挺了四天，你终于接受了奶瓶，度过了断奶期。

而今你开始面临心理断奶了，要让自己慢慢适应在没有别人提醒的情况下做事情、做作业，不用想着妈妈回来怎么交代，只要你自己已经安排好了。这个假期就是一个很好的机会。比如你白天忙着玩了，可能晚上就需要熬夜写作业。当然，必要的时候妈妈也会提醒你，这个过程不但对你艰难，其实对我也是很艰难的。我需要忍着不能时时提醒你可能会出的错，可能会发生的问题。刚开始你会做得不好，我也会做得不好，但如果你觉得这个时机成熟了，那咱俩就协商一致，开始实践，这个实践过程中产生的代价我们都要接受，你说如何？

2013年3月

男孩的成长

你出生的那一刻，听到医生说："呀，是个小子。"登时，心里便一咯噔，我这一生是没有女儿的了。似乎，还没有做好养育男孩的准备，是呀，光想想穿衣服就发愁，女孩有那么美丽的裙子可穿，男孩呢？似乎除了牛仔裤、条绒裤之外，还能穿什么呢？然而在随后的几年里，我越来越发现养育男孩可真省事呢，除了穿得简单外，男孩没有那么娇气，没有那么爱闹小情绪，倒是很省我这个懒妈妈的心呢。

可是从你不再赖着要跟我睡，不再出门让我拉着你，不再让我人前叫你小名起，我知道，我的儿子已经渐渐地长成大人，你不再是我们的小宝宝了。

学校专门为男生家长准备了一次讲座《成长的力量》，我把幻灯片让你看了，也许这些内容对你现在来说，有的还不甚了了，诸如你提到的"热爱工作"。其实你想想，你现在当劳动委员，这件事情对你不就是工作吗？你对这项工作的努力、思考、付出，让你体会到了另一种感觉，那就是工作带给你的心得。

这次的讲座主要有四方面的内容，我想再逐一跟你分享一下。

第一是培养热情开朗的男孩。人的性格有很大程度是天生的，并不是每个人都能够做到热情开朗。比如你，从小就是一个内敛、含蓄的孩子，你的热情并不会轻易表露在外，你的开朗也仅在某种场合出现，但这并不影响你待人接物的礼貌和与人相处的平和。你对家人的热爱、你对亲情的珍视、你对大自然的喜欢、你对家养动植物的怜恤、你对自己承担劳动委员的无怨无悔都体现了你对生活的热爱。妈妈想说的是，你再多一些户外的体育活动吧，无论是羽毛球、篮球、足球，这些球类活动，还是游泳、滑板等竞技活动，能让你体会到大汗淋漓后的快感，还有跟伙伴们在一起拼搏争抢的乐趣。

第二是培养懂得尊重的男孩。我们刚刚看过的《谁毁灭了谁》，其中讲的主要就是对生命的尊重，你应该深有体会。可能你爸爸说话冲冲的方式一定程度上影响了你说话的方式，如果你换一个角度来看，你希望别人怎样对待你，你就应该怎样对待别人。你有时会对我说话冲，我如果也以同样的方式对待你，你就会感觉很不舒服。所谓"己所不欲，勿施于人"就是这个道理。

第三是培养有理性思维习惯的男孩。这点我觉得对你已经无须多说，你从小就是一个偏理性的孩子，妈妈倒是想提醒你，不用事事那么"死板"，比如说计划变更了，无须再立刻制订计划，而是先适应当下的情况，然后再逐步修订完善。否则，你就会发现计划赶不上变化快，最后让自己忙于制订计划。

第四是培养宽容大度、懂得感恩的男孩。这跟你们的班训有关，相信班主任老师已经讲了很多，我想说的是，这种宽容、感恩态度的养成，并不容易，好在你有一颗善良的心，希望你在以后的生活中慢慢体会。

最后有一句话跟你共勉，是讲座中关于成功的定义，什么叫成功？不虚度光阴就是成功！每天都进步，给别人快乐就是成功！妈妈希望你成长的过程是快乐的，无论你现在的成绩如何，无论你将来做什么样的工作，只要你能体会到快乐，就好！

2013年3月

对话"世界"(中)

对人不可以斤斤计较

昨天跟你说起如何交友对人的事,你说要尽量让自己少付出。我说有一句话叫"财散人聚",讲的是财富与朋友之间如何平衡,那些一味守财、斤斤计较自己得失的人,往往身边没有朋友;而仗义疏财、将自身利益置于其他之后的人却恰恰朋友遍天下。关于这方面的内容,你回忆一下《水浒》,其中讲的大抵是这些。

推而广之,无论是对朋友、对同学、对家人,将来对客户,这个道理都适用。在一个家庭,父母与孩子、夫妻之间,都存在分工不同的问题,也有勤快与懒惰之分,如果一味斤斤计较于自己的付出,那么这个家庭必定会战火不绝。一度我为爸爸的不收拾屋子、不料理家务而气恼,后来跟一位过来人聊，她说为了家庭的付出是无怨无悔的，因为他们都是你爱的人。一句话醍醐灌顶。是啊，如果为了我们自己爱的人付出一些都要抱怨，那么世上还有什么值得我们付出呢。同样，对同学，他们现在与你朝夕相处，将来有一些可能会成为你一辈子的朋友。妈妈有一个小学同学，当年曾经天天形影不离，结果有次因为一个小口角，两个小女生恶言相向，从此不再理对方，这样的僵局，一直持续到上高中，我们俩再一次成为同窗。好像是时间冲淡了一切，自然而然的，我们又走到了一起，现在我们依然还是好朋友。前几年她在西安陪儿子读书，我们又有了经常相聚的机会，去年她儿子高考完去外地上学后，她回了老家，我还时常觉得失落。这就是一辈子朋友的感觉吧。

也许你会说，妈妈你跑题了，你说的是关于花钱的事，其实我觉得这本质上是一回事，如果你肯为别人付出辛苦，付出感情，那么付出金钱也是一样的。贫穷的时候，我们可能为朋友付出的是一份餐；富裕的时候，我们可以为朋友支付一些他们急需而对我们来说为数并不高的费用。比如，大家聚餐时，富裕的人就可以多花一些；但这绝不意味着，作为一个贫穷的人就心安理得地花着别人的钱。对于这种交际应酬，态度决定一切，你可以不富裕，但你不可以吝啬到一毛不拔。当年你爸爸的外地同学来西安，一群人在一起聚餐，十有八九都是你爸爸买单，他觉得别人在经济上都有些困难。可如今，妈妈身边也有很多富裕的同学，我们在一起聚餐的时候，虽然经常都是他们买单，但是我们这些相对不富裕的同学，丝毫没有心安理得地享受别人的招待，而是隔三岔五，也主动邀约大家，我们可以不去高档餐厅，但大家同样都会因为你的热情而感动。

2013年4月

志气第一

最近你开始改握笔姿势，妈妈对你由衷地佩服。要知道，把近七年的握笔姿势改过来，且在现在日益紧张的学习中，这是需要极大勇气的。上中学后，你的变化实在是太大了，由过去的无所谓变得积极主动进取，现在发现自己存在的问题，还要主动克服困难去迎接挑战，这点不是所有的人都能做到的。

人生来差异并不很大，但为什么到最后大相径庭，除了禀赋差异、家庭背景与环境的不同，很大一方面还跟个人的志向、努力有关。

关于努力，我不再多说，今天想说的是个人的志向。"燕雀安知鸿鹄之志"，当年陈胜不过是处于社会最底层的一位屯长，却胸怀大志，想成就一番伟业。自古以来有多少伟人，出身低贱，却以天下兴亡为己任。而那些安于贫贱、安于安逸的人，最终也只能平凡一生。

我并不是说让你成为伟人，而是觉得一个人来到这个世上，应该精彩活一生，这种精彩，是符合自己愿望的，是让周围的亲朋好友为之感动的。就如同那位富翁与渔夫，尽管他们的人生际遇全然不同，但他们最终过的都是自己想要的生活。

你现在在西安最有名的中学读书，身着名校校服，你感到自豪与骄傲。在这样的环境里读书，油然而生一种上进的心理。可越是名校，你越会感觉到压力，因为大家都在努力，都有远大的志向。我觉得，你的志向相对而言显得弱了那么一点。这种志向就是不甘于眼前的局限，对自己理想生活的向往。很多次，你说到重点班，说到双语，你觉得没法跟他们比。其实，通过上学期末的考试，你应该知道自己不比别人差。你比别人缺少的就是那种拼劲和志气。

志气是什么？志气是催人奋进的强心剂，志气是对自己潜力的自信，志气是不甘落后的那股子劲头。没有志气，一个学生学得再好，也不过是一个学习机器而已；没有志气，一个人再富裕，也不过是一个土财主；没有志气，就如同没有筋骨的身板，不过是一具行尸走肉罢了。

志向是什么？志向是一种对未来的预期，一个人没有对未来的打算，就如同没有航向的帆船，这样的人生，最终只能庸庸碌碌度过。妈妈最大的心愿，就是你将来的人生，无论选择什么，都很精彩，都能让你满意。所以，现在提出，让你定个目标，不要觉得这个太早，没有关系，在这个过程中不断修正，想想看，以前你曾经也给自己定下过做游戏玩家、开游戏厅（里面都是你设计的游戏）、开酒店、做科学家的目标。心中有目标，行路就不盲目，志气自然而然会来。孩子，努力吧，认真思考一下这个问题。

2013年4月

你这一方天空会相当精彩

今天看到了你的考试作文，令我震撼。真的，这个词是我真实的感受。你用如此真切的笔调描述了自己的心路历程，找到了你的一方天空。初看这个题目，大多数人都会理解为是在写自己的兴趣爱好，当你说你写了学习，我也就不例外地想可能就是这个原因导致你的作文没有得高分吧？可是你的作文真的改变了我的看法，是的，为什么这个天空要如此狭窄，只能是兴趣爱好呢？你所描述的正是一个不求上进的孩子在最终找到自己能"海阔凭鱼跃，天高任鸟飞"时的心境。学习对于学生来说，是多么大的一个天空，可是对于那些一直处于不自信、不努力状态的学生来说，他眼前这方天空就如同青蛙看到的那个井口，只有凭着努力跃出井口，他才能看到那广阔的蓝天。

儿子，其实你的立意很深，要比那些写看书、画画、踢球的作文深远得多。

如果站在作文的角度来说，这样的意境本身就很难，而要写出彩，需要更多的对比。比如，如果在开头，你说在小学时，你的学习天空是如此狭窄，只有作业，没有乐趣。所以，别人眼中的天空有蓝天白云，小鸟飞过，而你日复一日只能像井底之蛙一样看到没有变化的单调的蓝。而等到你凭借自己的努力找到学习的兴趣时，你发现这一方天空是如此精彩；你离开了井口，看到了广阔的蓝天白云，感受到了四野的鸟语花香；你陶醉其中，难题对于你来说已不在话下，攻克难题后，仿佛沐浴着暖暖的阳光般舒服。最后，你终于找到了你的一方天空，你将在其中驰骋遨游，享受属于你的精彩。

现在来看，这样的一篇文章，是不是有点意思了呢？

儿子，妈妈说的震撼，其实是因为看到你的心路。你不喜欢向别人披露你的感情与心理，虽然你是如此的感情丰富、细腻，但你只喜欢用淡淡的语言来描述，用轻浅一笑来应对，要知道这样的表达方式其实是难度很高的。中国有位大作家，惯用看似平淡的语气来表达很浓重的情感，她是妈妈非常喜爱的一位作家，她的名字叫张爱玲。你正在看的《意林》中的很多小文章也是如此风格，这样的风格对于作家的要求是极高的，你要不露声色地描述出让别人看了产生或喜或悲感觉的文字，不是大家是很难驾驭的。

说到你的一方天空，我说会相当精彩，一方面源于你的细致与敏感，另一方面你丰富的经历与所处环境的复杂也会让你有比别人更多的体验。拿你现在所在的普通班来说，由于生源复杂，你会与许多不思学习的孩子，或家境优越而习惯不好的孩子同窗。这样的环境，让你有更多的机会去辨识不同的人，去抵御更多的不良风气。比如现在的孩子还仅仅是抄作业、自习课上说话，很快，他们就会比吃比穿，比谁用的手机更酷，比谁穿的名牌多，比谁谈的恋爱多，这些对于你来说，都是你必经的人生课程。只不过你比重点班的孩子要更早地碰到，所以说你的天空会比他们更精彩，在他们一心一意学习的时候，你不但要自己学习，还要抵制住这一切的诱惑。而其中也许有一些习气不好的学生还有可能跟你关系较好，你要确保自己不受他们影响，是不是会比别人经历更多呢？

你没有做到从小品学兼优，但是你在成长的过程中，经历了由普通到优秀的过程，经历了不被人重视到被许多学生视为"目标"的过程，经历了对学习没感觉到乐在其中，这么多的经历是不是比那些从小就被认为学得好是理所应当的人更加可贵呢？

看看那些名人，如贝多芬、爱迪生等，一个个不都是由丑小鸭到白天鹅吗？唯其如此，才更让人珍视，才更让后来的人永远视为神话。妈妈相信，将来你也会给你的孩子说起这样一些神话的。

2013年5月

你的成长，我的骄傲

昨晚听到老师说你期中考试的结果后，妈妈显的没有爸爸高兴，但那其实是表面的。

你的每一点变化，妈妈都比爸爸要早知道，你的每一点心理波动，都会最先与我分享，要说妈妈不对你有期望，那是骗人的，但是你的成长变化之快、之大，远超出我预料。

期中考试前，我就想，没有副课的帮忙，这次你能进班级前十就是进步，看来妈妈还是小瞧你了，你的天赋加上你的努力，证明了你的实力。得知你成绩后的欣喜，妈妈不在你之下，因为我更能体会这其中的来之不易。

儿子，你对自己的判断总是竭尽最低限，你对自己的剖析远不像一个才十三岁的孩子，你没有无知无畏的孩童做派，你没有天马行空的男孩样，你总是审慎地对待自己、对待别人、对待一切事物。还记得六岁时你去学跆拳道，第一课是要打太极一章，那天我去接你，梁教练正对你说着什么，原来是让你在接下来的一周内要学会这套拳。你低着头，就是不说话，我知道你的意思，你是担心学不会，所以没法跟教练承诺，尽管我不住开导你，你就是不说话。在回来的路上，你说，如果答应了做不到怎么办？从那时起，我就知道你是一个极重承诺的孩子。其实，孩子，在人生的路上有许多次这样的时刻，你并不清楚未来是什么样的，但那不意味着你放弃努力，放弃对未来的承诺。就像前几天说的，要冲刺第一并不是立刻就要兑现，很多时候我们把这种美好的愿望作为未来的一种愿景，用它来激励自己。抗日战争的过程很漫长，也许当时相信最终能够胜利的并没有多少人，只因心中有着不愿做亡国奴的愿景，才支持着成千上万的中国人坚持到胜利的那一天。人们常说，"前途是光明的，道路是曲折的"，如果人们心里没有光明，就无法忍受眼前的困苦，甚至有时那光明是如此微弱，但因为有了信念，如同燎原之火，将微弱变成巨大。

　　为什么励志类的故事、伟人的传记会成为青年人追捧的对象，那是因为在人成长的过程中，很多时候我们会迷失方向，甚至会沉沦堕落，所以我们需要一些榜样来激励自己，所谓理想照进现实，应该就是如此吧。

　　还记得你的名字吗？我希望我的儿子是一个不平凡的孩

子，这个不平凡，不一定要你成就什么伟大的事业，也不一定成为达官显贵。我希望你的一生，有自己的理想，有自己的追求，有自己心甘情愿付出的美好寄托，没有庸庸碌碌，没有混迹江湖。当陈胜吴广的同族们还为吃饱饭而殚精竭虑时，他已心怀天下，这就是境界的不同。

　　昨晚突然想到你马上就十三岁了，回想一年前，你还是顽童一个，在小升初大考前的两三个月，你每晚应付着复习，无神的两眼看着我，我心里一阵阵发凉。原以为凭我儿子的天赋，只消临门一脚，便可以进入重点学校的重点班。然而现实却无情地给了我一巴掌。可是在这一年里，你的变化是如此巨大，一夜之间，你从小学生变成中学生，心理似乎也陡然成熟起来。这种种变化，每每想起，都令我感动。有儿如此，夫复何求！

2013年5月

写在六一与生日之际

　　昨天就想好要给你写篇东西，结果到现在才得空坐下来。你看，时间就是这样，在不经意之间悄然走过，没留下一点痕迹。

　　如果不是今晚的过敏，这个生日应该还算圆满吧？说到过敏，妈妈不禁深深自责，在你生日之际，爸爸又不在家，居然让你遭受如此的折磨。如果我当时说得更清楚一些,也许你就会听到我的话,不会吃那两个可怕的核桃。

眼见得你浑身布满可怕的疙瘩,瘙痒让你把自己抓得到处都是一片片的红,去买药的路上我都心慌起来,如果你明天还是这样,怎么办呢?

可你是如此的镇静:"妈妈,没事儿,就是过敏嘛。"你淡然的态度分明不再是那个淘气贪玩的小顽童,明明就是一个具有博大胸怀的男子汉。

回想这几天来的情景,我欣慰地看到我儿子是个一直朝前看的乐观主义者。幼儿园毕业,别的小朋友哭得稀里哗啦,你却笑嘻嘻地说,马上要上小学了,你高兴着呢。小学毕业,你也是如此,你永远看到的是美好的充满希望的那一面,这些给了你激情与美好的憧憬。你珍惜同学间的友谊,当给刘同学打通电话时,你兴奋地说着毕竟是兄弟呀,看得我心里暗自发笑。

可你又是如此的恬淡,也许对你来说,生活就是顺其自然,如果失去这些自然,你便会觉得不自然,所以对于生日聚会,你并没有挖空心思、大费周折地筹备,尽管妈妈心里为你着急,可看到你恬淡的表情,我想得失寸心知,也许在我儿子的心里,这就是他要的结果吧。

世间万物,各有各的活法,在今晚之前,我还为你对自己的事情不上心而心焦，可现在，我已经不再这么想。妈妈是一个做任何事情都希望完美的人，所以要上心，要尽全力把每一个环节都想得透彻，好处是这样做出来的事情确实细节完美，但经常会像得上了焦虑症，只要没有把事情做好，心里就会难受，看到别人不负责、不认真，就会烦躁，最后搞得自己心情越来越不好。可你进退之间总是能把事情看得分明，尽管少了一些积极进取的表现，但是沉稳却让你赢得了最后的精彩。

相信你罕见的沉稳与判断事情的明确会使你在今后的人生路上越来越凸显优势，至于其他的不足，没关系，你才十三岁，来日方长，小伙子，要相信自己。年轻最大的资本就是有时间去体验一切。虽然我急于把自己四十多年的经验与教训与你分享，可是我现在要忍住，那些需要用时间去感知的东西即使我现在告诉你，你也很难吸收。关于失败，是你必需的经历，关于绝望，也将是你生命中不可或缺的部分。只要不失去希望，不失去对美好未来的向往，不失去对生活的热爱，其他一切都是浮云。而我们最终得到的将是那些一直保存在我们心里并且不断升腾出来的理想，不管这些理想是否最终会完全实现，拥有理想总是美好的！

儿子，童年已经渐渐淡出你的生活，并且将成为你记忆中越来越美好的画面；而青春正在向你大踏步走来，如果说童年是和风细雨，那么青春就如同狂风暴雨，经常会让你感受一次又一次的洗礼，每经过一次洗礼，你都会成熟一次，我希望的是，经过洗礼之后的你，会变得越来越坚强，越来越勇敢，越来越乐观。

看着不经意间你的身高已超过我，突然有种幻想，将来的你会是什么样呢？

让我们拭目以待！

2013年6月

有感于状元话题

其实说到底，状元全省只有一个，而考生则成千上万。在平时的学习中，状元们也仅是芸芸学生中之一员，不经过高考的洗礼，便成就不了状元的美名。

人生也大抵如此。每经过一次考验，便会刷新一项纪录。记得那年跟你一起看奥运会比赛，郭晶晶表现出的高超技艺与无人能及的成绩令我深思，这需要多么强大的技艺基础与心理素质呀！在各种竞赛中，体育是最残酷的，却依然有那么多的健儿乐此不疲。

学习考试中那些状元们表现出来的零缺陷与完美成绩也往往是人们热议的焦点。前几天看你的月考卷，心里就在想着那些学子们需要战胜多少次粗心、多少道难题后才能站在那令人艳羡的状元席上。

我从小很少写错字,所以对于你频频出现的错字迷惑不解。也许在小学该解决这个问题的时候我们疏忽了,以至小错成为大患。错字成了你前行路上频频出现的绊脚石。

今天你说历史测验你三个字被扣了六分,我笑说一个字应该扣三至五分,你勃然大怒,其实我说这话的意思只是想让你知道这样简单的错误对于阅卷者来说其实更令他们恼怒,多扣分无非是想让写错字的人引以为鉴,不再犯类似的错误。

有时我想在你成长的道路上,作为母亲的我必定已经犯了许多简单却不可弥补的错误。人生不能重来,没有父母不想给自己的孩子一个完美的人生规划,却不料自己本就不是一个优秀的设计师。在人成长的前二十年,有很多方面是听从父母安排的,也许因为父母的无知与狭隘,让你错失了许多良机。诚如乔布斯的成长,如果当初他的父母也把乔布斯当成一个应该做什么的孩子来养,那么这个世界上必然就少了被咬掉一口的苹果。

爸爸是不希望对你的人生进行太多的规划设计的,所以他很少去指导你。甚至对于妈妈对你各方面的"干涉"颇不以然。记得你小时候,我第一次带你去公园,你大哭,因为沉迷于楼下的沙子堆不愿意离开;第一次带你去动物园,你还是大哭。然而在去过一次后,你开始一次次地要求去公园去动物园,甚至有一段时间迷上游乐园后不惜站公交车四十分钟前去。现代社会给了人多种可能,你四年级去新加坡,六年级去美国,这些在我们这一代人看来都不容易实现的事情你轻而易举就得到了。也许地球的那一边确实也没什么大不了的,可是去过就是去过,你再也不必只依靠书本、影视来了解那个世界了。

　　人的生活圈子可大可小,心有多大,你的生活半径就有多大。小时候我订阅了很多杂志与报纸,看着北京上海人的生活,感叹自己没法与他们站在同一个起跑线上。当然,通过自己的奋斗现在获得了似乎与很多人站在同一个位置的机会。这就是你在书本上经常会看到的"知识改变命运"的含意。我读中学时,那些农村同学说如果高考失利,他们只能回去当农民,不像我们起码还能生活在城市里。其实对于我们这些城市里的人说,也是希望通过高考离开那座小城市,能够到更大的城市里感受心仪的生活。

　　你就读的附小是一所优秀的学校,而且同学们起步一样,所以没有什么太大差异的感觉。到了中学,你感受到了名校与普通学校之间的差异,硬件环境的差异是一方面,学生素质差异是另一方面,你现在在普通班,看不到学生差异带来的巨大效应,但是能感受得到。今天妈妈一个同学为他高考的孩子选择志愿，几分之差，天壤之别。

其实说到底，在准备的过程中，你必须全力以赴，即便结果不尽如人意也无所谓，努力之后的结果并不会差到哪里去。因为在准备的过程中，是优是劣早已进行了排队。

回到状元的话题上来，那些完美的成绩不是依靠临阵磨枪才取得的。没有多年的耕耘，就没有最后的收获。

2013年6月

对话"世界"(下)

择友而伴,一生财富

昨天你跟我说同桌说你傻,今天刚好看到这篇文章,正是我想给你说的话。转一下:

择友而伴,一生财富

现实生活中,
你和谁在一起的确很重要,
甚至能改变你的成长轨迹,
决定你的人生成败。
和什么样的人在一起,
就会有什么样的人生。

和勤奋的人在一起,你不会懒惰,
和积极的人在一起,你不会消沉。
与智者同行,你会不同凡响,
与高人为伍,你能登上巅峰。

远离消极的人吧!
否则,他们会在不知不觉中,
偷走你的梦想,
使你渐渐颓废,
变得平庸。
积极的人像太阳,
照到哪里哪里亮。
消极的人像月亮,
初一十五不一样。

人一生,要交到益友与诤友,远离损友。益友是那些能够让你感觉快乐,想起他们就很温暖的人;诤友是那些能够帮助你,在你内心困惑的时候给你指点迷津的人;损友表面上可能也是友,但当你需要帮助时,他只会远观甚至落井下石,表面跟你亲如兄弟,背后则两面三刀。

2013年9月

亲爱的蛋儿子

你说了不希望我再用亲昵的讲法称呼你，我明白，这样的称呼仅限于私下。

昨晚睡前跟你说了那么多，看得出，你听进去了。你真的已经长大了，当看着镜子里你的个头日益高过我，你在镜前慢慢把自己变小，希望能找到我们俩过去的那种身高感，让我倍感亲切。

这个假期过得让人回味无穷，旅行带给人的感觉就是如此奇妙。有时我在想，你将来走的城市与国家肯定会让我望尘莫及，你的感觉也肯定会比今天更加奇妙。可我还是珍惜这样的感觉，珍惜与你在一起的日子，珍惜我们一家三口游山玩水的日日夜夜。

我不知道你第一次看到大海时是什么感觉，当你在大海中游来游去时心里在想什么。记得我跟你说过，大海让我感到大自然的奇妙与伟大，在大自然面前，人类是如此渺小与软弱，这种感觉让我产生了对大自然的敬畏。特别是当我们在为生活中的一些烦恼忧愁无法排解而苦恼时，处身大自然会让人产生这种忧愁算什么的感觉。

2013年9月

珍惜生命

孩子，今天妈妈忙了一天，到现在头都是晕的，可是，无论如何都要腾出时间来跟你讲一些事。

昨天跟你说的那位出事的男孩被证实是初二年级的。听到这个消息，很多家长的第一反应是今天回家要对娃好一点，但是这个消息不能告诉孩子，怕孩子受负面消息的影响。

我倒是觉得有必要让你好好听我讲一讲，自己也能有时间思考一下关于生死的问题。

我的第一反应是"什么原因促使这个孩子放弃了自己的生命"？昨天你说男孩通常在受到一连串的打击后才会这样。可是作为一个年仅十三岁的孩子，生命之路才刚刚起步，未来到底是什么样的，他仅看到一个小角落，就这样放弃了自己最宝贵的生命不是太可惜吗？

我小时候也曾有过很多次这样的想法，特别是在跟父母闹别扭的时候，心想你们再让我不高兴，我就去死，让你们后悔一辈子。记得你小时候跟张宝生气的时候也说过，那我就把自己杀死，让他失去我这个朋友。现在你也会经常说，去死吧。我知道你那是气话。

然而如果一个人真的处在一种绝境下，想不开，鬼使神差地做出自绝的决定，一瞬间就可以决定生命的去向，生命就在他跳出窗户那一瞬间不复存在，再后悔也来不及了。剩下的就是留给他父母、亲人无尽的痛苦与思念。

一个人的生命来之不易，十月怀胎，从婴儿期的养育到逐渐放手的成年，对于父母，你是唯一的骨肉。记得你曾经说过，几千个人才造就了你。是的，你的生命是如此独一无二，没有任何别的东西可以取代。人一生会经历很多苦痛与折磨，但是当这些都过去，你会觉得那一切都是回忆。从你十几年的生命旅程来看，必然也有很多难以抹去的记忆，可是随着时间的推移，你是不是发现那些痛苦已渐行渐远。

学生时代最大的压力来自学习。作业多了，考试成绩不好，老师批评了，跟同学发生争执了，最好的朋友背叛自己了——哪一项，对于某一个特定的时候来说，都有可能是致命的伤害。可是儿子，无论是什么，都不足以让你拿自己的生命去赌。昨天你说，至少还有电脑游戏陪伴你。妈妈要说，至少还有爸爸妈妈对你永远不离不弃，无论你在外面受了什么委屈、伤害，做了多少错事，别人如何看待你，你是我们的儿子，我们永远会爱你，疼惜你，维护你，原谅你。即使我们偶尔粗暴、蛮横，你也要说服自己那是父母一时错，但不会永远错。

生命诚可贵，亲情价更高，不论为什么，二者都不抛。

2013年10月

生日之际

儿子,昨天你过完最后一个儿童节,今天之后,你就真正成为一名少年了。四年后,你将成为法律意义上的成年人。你的内心充满了激动,昨晚你半夜两点醒来无法入睡,心情可见一斑。

妈妈开玩笑说,从今天起,今后的每年生日你要跟我照一张相,让我亲吻一下。是的,我要记住你跟我在一起的每一个快乐时光,好男儿志在四方,有一天你满怀理想走出家门,留给我的将是背影与这些年在一起的回忆。

前年的生日,我们在一起探讨了人生意义。孩子,人生是一道永远让人充满了神往的难题,时而峰回路转,时而末路穷途,只有那些永远怀着理想与信念的人才会化解过程中的各种风雨与谜团。正如你最近在数学学习上碰到的种种困境,凭着你的执着与努力,还有高师的指点,你看吧,不久之后你将会发现以前的这些难题不过都是一些小小的陷阱,它们都是你打大BOSS之前的练级准备。

早上我称赞刘同学勤快、起得早、有眼色、帮妈妈拿东西。你可能暗自觉得这于你就是一种不点名的批评。一方面,妈妈是真心实意地表扬刘同学,他是你的客人,我当然要表现出热情好客的行为,这才是一个做妈妈的本分;另一方面,他的所作所为，确实令我感动。每当看到你的同学，或者你的同龄人的一些举动行为，我难免不联想到你。我在想你在外面的时候是什么样的呢？是不是见到认识的叔叔阿姨都会问好？是否在别人家做客都对别人给予的关心表示感谢？是否也能像刘同学一样在别人给你拿东西时赶快帮忙？这些小事，我不知道有没有告诉过你？有没有提醒过你？有没有让你觉得这些小事真的很重要呢？

当你是一个儿童时，你对别人说谢谢，别人会说这小孩真乖；当你是一个少年时，你对别人说谢谢，别人会觉得这孩子真懂事。反之，人家会说这孩子怎么这样没礼貌？或者会想他家人怎么教的，这么没家教？

2014年6月

还是这样沟通吧

想来想去，决定还是用这种方式与你沟通。

自从初三以来，你进入了一种正循环之中，你积极、上进，不再像以前那么散漫、消极、妄自菲薄；进入高中之后，你对外界的热情与好奇表现出一种久旱逢甘霖的感觉，隔三岔五地买书，充满热情地与我及我们这一代人讨论，完全是一副阳光少年的标准形象。高一年级你在学习上的自觉与成绩令我们都刮目相看，然而进入高二之后，你的状态出现了巨大的反差，你把这归之于日子还长着呢。尽管如此，你对未来的认真以及对生活的思考依然让我感动，我们常常可以聊很久。

尽管你会说我表现的不过是父母对孩子一种形式化的东西。这个假期，你依然给自己做了充分的规划与安排，假期之初，你也天天与我一起上班，给自己一个环境去摆脱计划之外的干扰。

然而接下来的事情就让我有点匪夷所思了。

也许你对假期的安排胸有成竹，但是那天晚上你的一连串"对不起"让我明白你毕竟还只是一个十六岁的孩子。我不知道这其中到底还有什么波折让你那天晚上表现得前所未有的疯狂，我始终相信以你的性情与行事风格你不会做出什么出格的事，然而事实却让我们目瞪口呆。你对我进入房间的防备与锁门等行为尽管令我心里很恼火，但并没有什么严重后果，甚至你夺门而出的行为我也能理解。但作为父母，我们不容许自己对孩子情绪与行为的判断出现严重失误，因为你处在现在的时期，如果稍有不慎而造成让我们终生后悔的事情，那是不堪设想的。

你现在正处于人生发展的第一个关键时期，性格的养成、习惯的培养、意志的磨炼都会对今后影响巨大。我有时在想，对于一个男孩子的成长，如果无法养成坚韧不拔的毅力，也至少需要经受艰苦的磨炼,而对于你,我们一直采用宽容、开放、开明,甚至懒散的态度。现在想想,这些是不是太不够了。我不希望你是温室的花朵、懒散的少爷、文弱的小资,你是一个男孩子,阳刚、坚韧、果决才是你该有的基本品格。

上次说到过关于规矩,规矩历来是与人性相悖的,试想想一个人总是由着自己的心性,最终会成为什么。

昨天你用一天的时间表现了你的果决,我没有跟你分享你的心情,但是即使是通过微信,我也能感受到你对自己的彰许。人经常需要对自己狠一些,才能感受到潜在的力量。你对自己不够狠,所以你也感受不到自己内心萌动的行为力。你总是对自己留有太多余地。记得我给你讲过国家游泳队的训练记录,一年只休息一天就是大年三十,只为了保持水感。

你现在经常说那些刷题的人已不知为何刷题,但是有没有想过其实你自己已经走向了另一个极端呢?生活中没有那么多不付出就获得的侥幸,我从小就不相信这种运气,因为我知道自己第一不够聪明,第二也没那么多好运气,我能做的就是先踏踏实实地干好每一件事,结果自然就有了。

人必须要在恰当的时候干恰当的事,这是最经济与科学的。"少壮不努力,老大徒伤悲"的道理不需我说。

2017年2月

新年致辞

今天是2017年的最后一天,今年是你高中生活的最后一年。

以前每年的平安夜你都会接到来自圣诞老人的节日礼物,虽然你很早就知道其实圣诞老人是爸爸妈妈;后来你长大了,用不需要圣诞礼物表明自己跟儿童时期告别。

今年我想用这样一种方式给你送一份礼物,送给我即将成年的儿子,送给处在高考备战状态的考生。

毋庸置疑,进入高中这两年半,你的飞速成长的确有点令我目不暇接;我常常会用仰视的角度(当然一方面是因为你的个头确实需要我仰视)去看你,想象不来我在十七岁时也是这样的吗?答案是否定的。你比我十七岁时知识更加广博、思想更加深邃、更加对未来有无限的憧憬。

时代给了你们这一代人更广阔的想象与发展空间,未来跟现在相比,一点都不遥远。

然而面对这样的机遇,你又该怎样去抓住它?

儿子,你知道吗,你最喜欢的那句"走自己的路,让别人去说吧",其实也是我少年时代的座右铭。想不到吧,时代更迭,我们母子在少年时代都有这样一个共同点。

我很想把自己的经验与心得都与你分享,然而我知道,即使如此,你依然不可能活成我,我也不希望你活成我,我希望你活成自己独特的样子。但不管如何独特，有几点作为过来人，作为你的母亲，我希望你能用心去体会。

一是不管环境如何，心中都要有自己的小目标。目标之于人的重要性，就像航标之于航船。我们未来要往哪里去，很多时候会发生不断的变化，然而不管如何变，最好都清楚你要去哪里。曾经你说你要思考未来，否则上了大学你就会迷失方向。很好！然而如果仅有大方向，而小目标不清晰，最终的结果很有可能是别人都已经把你甩了几条街了，你依然原地踏步，或在原地打转。

二是不管环境如何，要对自己狠一点儿。人的极限只能在压力之下产生。你们现在所处的时代，没有生存压力，没有贫困负担，很容易陷入美好生活的日常琐碎之中。但是作为一个男孩子，你将来是家庭的大梁，是职场的栋梁，不想永远活在父母的呵护中，就需要自己去勇敢面对一切，就是把自己放出去。否则，你就会瞻前顾后，优柔寡断，患得患失。对自己狠不是不爱惜自己，而是给自己更多一些极限挑战，包括体能、心力、耐力、情感等。

三是不管环境如何，坚守自己的道德底线。大到国纪法规，小到家族亲情，还有社会公认的道德准则。但我不是让你做一个老好人，你应该知道如何聪明地维护自己的利益，但这一切都是在不触碰底线的前提下。尤其是对亲情的把握上，这一点你是深有体会的。

儿子，记得在你上初一时，我唠唠叨叨地跟你说一些事时，你会不耐烦。那时我说，你马上就进入青春期了，老妈希望你在青春期到来前把该交代的事都交代了，否则你进入逆反，可能我说了也没用了。这几年，你真的在我的唠叨中度过，但是很平稳。

其实到了现在，我觉得已经不需要再说那么多了。因为你的每一步路，我都看得很分明，你将会有你自己的路，这条路你已经思考良久，信心满满，我相信你会走得很好。

我只想说：祝你一路大步走下去，无论你走多远，回头看，老妈都在这里，一直看着你！

2017年12月

― 第二章 ―

经历高考

经历高考

按说所谓"经历",通常都是指自己的事,而我三十年前的高考似乎云淡风轻,促使我想写这一次的经历,却是儿子的高考,虽非我的高考,反倒有点惊心动魄。

开始一切都风平浪静,学校严谨的教学与成熟的应试管理几乎不需家长操太多的心,进入高三后留给家里与孩子相处的时间微乎其微。我们能做的就是每天按点接送,晚上回家给留点宵夜与水果,周末能够在家里吃的两餐饭尽量满足他的口腹之欲与营养需要。

学校要求家长轮流值班管理晚自习,跟着孩子们一个晚上,目睹他们从晚上七点二十分一直学到十一点半,之间仅有一次最多二十分钟的休息,全程静悄悄地学习,联想孩子们这一整天就是如此度过,不由又佩服又心疼。

考前的最后两个月,奇奇跟我们说的话越来越少。上车就要手机,回家就进房间不出来,跟着他进房间,还没开口,或刚开口中,他就拉着你的手出房门,一边说:"我正忙着呢。"

然后,发现奇奇的饭量开始减少了,本来就吃不多的他在餐桌上的时间更加少了,也许是高考的压力使然吧。

考前最后一个月,学校放假,回家自主复习。头两天计划执行还不错,第三天下午我一回家,奇奇就说:"可算是有人回来说话了。"

我笑了:"咦,没人管你,不是正好自由自在吗?"

"哪里呀,我下楼又不能时间太长,在家里又感觉老是不能专心……"

第四天开始,上午出去游荡一个多小时,下午出去溜达一个多小时,晚上吃过饭,陷入手机无法自拔。周末我在家眼见如此情景,又不能对孩子发脾气,被绝望控制的我只能给老师发信息寻求帮助,老师没反应;给好友打电话咨询,对方说不行就找个托管班全托进去。

临睡前,收到老师的回信:"实在不行,你把他送到学校来吧。"

考前几天,考点安排有一次英语听力的试听。到点了,接到奇爸的电话:"我的手机死机了,闹钟没响,睡过头了。"

"那儿子呢?"

"生气了。"

还没开考,咋就碰上这事呢?

这一天下班回家,我的车追尾了。

考前两天,开完考前动员会回家路上,我问动员会上讲什么内容,儿子说:"就是让你们别问。"

"这个我们当然知道,我们保证不会问你考得如何。"

"不只是这个,让你们别问吃得好不好,睡得好不好。"

还有一件事,我得问儿子:"群里发了很多资料,我很犹豫不知道是否需要给你打印出来?"

"对于那些已经做完复习的同学来说可以,但我现在还有自己的问题需要处理。最近物理考试老是出错,不是审错题,就是计算错误。"

"好在我们还有两天半时间,你就把最近的错题都过一下好了。"我只能这样安慰儿子也安慰自己。

晚上在餐桌上,一起商量了考试期间的作息,三餐食谱,全部是平时吃的清淡菜谱,我写在一张纸上以作备忘。

第二天下午奇爸陪同去看考场,一切顺利,考场离家只有三公里,我们没有定附近的酒店。回家说要穿短裤,这一天气温38℃。

我下班回家,一看餐桌已经赫然摆满高考第一天午餐的食谱,问阿姨说不是已经安排好今天的食谱了吗?

阿姨回答说不认识我的字。

我回房间独自郁闷了好一会儿,奇爸过来说明天继续吃这个不可以吗?

这时我才意识到是自己敏感的神经开始作怪了,是啊,多大点事,觉得重复把明后两天的食谱换一下不就成了吗?

饭后奇爸破天荒地说下楼转转去,隔着房门问奇奇去不去,回答不去。我们在外面转悠了一个小时回屋,房间里静悄悄的,心内有一种压迫的感觉。

假装着去阳台取衣服进到奇奇房间,他正在看书。

晚十点开始洗漱,准备睡觉。

整晚做梦,内容是烧稀饭。这是预定的食谱,然后烧了几锅出来,都不成功,屋里堆满了锅,这时家里来了许多亲戚送肉,我想"真添乱啊"。

七号早上六点起床,烧稀饭、煎鸡蛋、准备面包及苹果。

七点奇奇的闹钟也响了,起床,喝了小半碗稀饭,吃了一个蛋黄,然后就不想吃了。近半年以来,奇奇早上起床后没有胃口吃饭,几乎都是到校后再吃。可是今天考试的时间是九点,只有把面包带上考前再吃吧。

天公作美，昨晚刮风，气温已经降到20℃了。

这一天是星期四，正是上班高峰期，临时又调整计划，叫专车，两人一起送，以防万一。

一路顺利，七分钟就到了考点。

一下车，看见对面台阶上站着一群穿红衣服的人，心想："还真有家长信这个"。再定睛一看，居然全都是学校的任课老师，早早赶来，发准考证，给孩子们加油打气。贴心的学校给每张准考证都做了过塑，边角还全部裁成钝边，为防孩子们遗失准考证，每场考前发出，考后收回。

孩子们一扎堆，与在父母面前判若两人，立刻欢声笑语。就听得一个孩子说："我妈担心我昨晚失眠，我从八点就睡着了，一觉睡到天亮。"

奇奇给自己准备了一个书包，沉甸甸的，我也不好问，这会儿他拿出一个小册子，跟同学们一起讨论去了。我发现来得早还真是对，这种氛围显然比在家里轻松啊。

班主任说："第一场很关键，这场考下来，他们就会放松了。"突然明白为什么要把语文放在第一场了。

考前半小时可以入场了，孩子们义无反顾地进入考场，大批的家长举着手机在拍照。望着远去的背影，我的眼眶突然湿润了。

奇爸说回去吧，我说再等等，万一有什么事需要我们呢。

转而一想，即使有问题，也应该是由带队老师去处理，我们还真的什么都帮不了。

好，那就回吧。

买菜，准备午餐，早上吃成那样，只有再次调整食谱了。买鸡，炖蘑菇汤，这是奇奇最下饭的菜了，收拾凌乱的屋子。匆匆间，到了该接孩子的时候了。

考点门口已被家长们围得密密匝匝，随着人群的骚动，孩子们出来了。所有人都忙着在人群中找寻自己的孩子，并试图从孩子的表情上去做预判，孩子们却多半表情凝重。

在约好的地点看到已经出来的奇奇，招呼一下，往出走，没走两步，奇奇就开口了："语文题出成这样，下午数学出啥题都不足为奇了。"

到底是孩子，说好的不问呢？

回家吃饭，看起来胃口不错，问上午饿了没，他说一进去感觉饿了，但是马上就没感觉了。考场就是考场，会将一切不适进行调整。

饭后午休，依然是自己也上好了闹钟，到点起床，去考点，依然背一个沉甸甸的书包，也许这是一种心理需要吧。

果然如老师所说，第一场考完，家长与孩子的表情不再那么凝重。虽然下午的数学奇奇一考完就知道自己有一道5分的题错了，而且这道题也不属于自己不会做的，但心情还可以。

当夜无话,调整了次日的早点,叫了麦当劳外卖,两块薯饼很快下肚,咖啡也感觉不错,汉堡吃了两口还是没有胃口,稀饭也完全成了老妈的早餐。

当天中雨泼洒,气温继续下降,低至18℃左右,斟酌一下,还是短袖外面加上外套吧,后来说进了考场脱了外套感觉适宜。

等待入场的时候奇奇有点不耐烦了,不停地问时间。对于理科生来说,得理综者得天下,这是最为重要的一场。

理综出场后,情绪明显轻松,及至中午,已然是一副满不在乎的样子了,连午睡也不再重视,全程无休,这时老妈需要拧螺丝了,叮咛注意英语的书写与单词的拼写。

事后知道,居然把"film"拼错了。

晚上去学校估分,我在家里等待,临近回来的时间,突然感觉紧张起来,会不会一会儿儿子出现告诉我考砸了?

嗯,要给自己一个最坏的打算。

过一会儿,听到开门的声音,看到两人脸上一副轻松相,顿时放下心来,及至听到估分的情况,更是出乎意料。

这一夜,直到凌晨一点多入睡,早上五点醒来再无睡意。

高考完第三天,用"复盘"方式与儿子交流一下。

第一个问题,考前两个月说话减少。他说,这期间他碰到许多问题需要专注处理,没有更多精力分神。

第二个问题,在家里自主复习一周后去了学校的原因。他说，猜到了。

第三个问题，考前有没有给自己设定目标。他说，这是不能设定的，如果你设定了分数与学校，都只能是压力，目标就是尽自己所能考到最好。

曾经在奇奇桌上看到一封现就读清华的上届学长给他们的信，信中说道，高考对于他们的意义是经过这样一个阶段的努力，让将来的自己与所处的环境相匹配，其中的辛苦、彷徨、绝望与无助一直相随。曾经有不止一个同学与奇奇探讨过人活着的意义是什么，我想是因为经历高考这个似乎过独木桥的过程会让人时时产生无助感，奇奇屡次提及不愿意确定目标大学的一个原因也是这容易使得达成目标后产生懈怠并且失去动力。

经历高考，如同通过一条长长的隧道，起初会感觉新鲜。渐渐的，无边的黑暗蔓延在你身边，人不由得焦躁、痛苦，甚至绝望。作为共同参与的校方，有经验丰富的老师，会在适当的时间指导、强化或舒缓；而缺乏经验的家长，大多数都想尽己所能帮助孩子，殊不知，这样的帮助对于进入高三的考生们来说，大部分显得多余，询问学习情况、考试情况、心理状况，都会构成对考生们的干扰，甚至你热切的目光注视都可能引起他们的心理负担。

高考就是一场洗礼。孩子们在经历高考之后，一夜之间将自己的定位调整到大学生的成人状态，为准备高考付出得越多，经过这一场洗礼之后的收获就越多。

当然，这个收获不只有成绩。

2018年6月

重点班与普通班

我的一个侄女某天问如何给孩子选择小学,她家住北郊,夫妻俩都在北郊上班,但是北郊似乎没有特别出众的小学,孩子爸爸托人在南郊的一所大学附小可以给孩子报上名。

我给的建议是,在北郊选择一个相对靠谱的小学即可。

我并不反对那些为了孩子不输在起跑线上的想方设法,但从身边的很多例子来看,孩子的成长是一个渐进的过程,一些在小学阶段学业优秀的孩子,经过初中、高中各学科的考验与磨炼,能够一路领先走下来的很少。现在的很多重点小学使用的是强化式的训练,小学阶段的课程相对简单,记背的内容较多,题海性、技巧性的训练确实能够使孩子在小升初的时候有不凡的表现。然而过度的训练会使孩子在小学阶段失去较多玩的时间,不利于后来灵活人际社交能力的习得。我家里一个小姑娘就这样评价小她一岁的堂妹:"玩都不会玩。"那个小堂妹从小上各种辅导班,包括演讲技巧等。另一方面过度地训练容易让孩子早早丧失对学习更深的兴趣与钻研。

奇奇上学时毫无争议地选择了附小,主要是因为就近,从家里到学校只需要走不到十分钟,从院子西头到院子东头。当时我似乎也没有一定要给奇奇定一个超前的起跑线。小学没有那么多的作业,到四年级时,看奇奇每天闲得无聊就在楼上找了个老师学钢琴。与我们那些在五大名校上学的同事孩子相比,他确实是过了个轻松快乐的童年。

五年级下学期,为了应对传说中的小升初重点班考试,我给奇奇报了奥数班。第一次去测试,一张卷子半张都是空白。这个时候进入奥数班,该上的课差不多都上完了,已经进入总复习与测试阶段,上了几次课,感觉效果不好,我就给奇奇报了一对一,专心去针对数学进行辅导。老师从规范奇奇的做题习惯开始,检查他如何打草稿、列算式,这时我才发现,奇奇实际水平并不乐观。

六年级伊始,我去找班主任了解奇奇的学习排名情况,老师委婉地告诉我,班里前十基本都是女孩。我回来问奇奇,你在班上到底能排在多少名?他说反正不在前面,也不在后面。

那么好吧,我们只能一点一点来补了。

我买了一些模拟试题,自己在家里开始做题测试。然而经过五年的低强度训练,奇奇根本不适应这样的学习。每天晚上一过十点,就一副心不在焉的样子,与孩子同样处在小升初阶段的同事交流,人家基本都要坚持到十一点。

一个好朋友的孩子在前一年由普通小学考进了重点中学的重点班,作为过来人,她给我不断地提醒,一定要进重点班。尤其是我们要进的这所学校,初中部学生众多,有很多有钱有势的家庭都想办法把孩子送到这所学校,因此普通班里充斥着这些家境优越但不学习的孩子,班里氛围很不好,学生作业甚至可以不做、老师也管不了,诸如此类。

然后她还告诉我她那进入重点班孩子的巨大进步:选为班长,成为老师眼里的学生楷模,我差不多隔三岔五就能在QQ上看到她晒的孩子又取得的新进步。

我开始焦虑了,但是转而一想,我的儿子就是如此,我必须接受他现在这样子,接受他可能面对的小升初的结果。

小升初考完,一出考场,奇奇自信地说,估计应该在90分以上。总分120分,90分以上肯定是可以进重点班的。但凭我的估计,他应该是在80分以上。

果然,成绩出来,离重点班差1.5分。

环顾周围,这才发现,似乎我所有同事家的孩子都在重点班,再去一打听,也有没有考进去的,但是托人还是可以把孩子送进重点班的。

怎么办?

我去找了两个有学校背景的同事，他们都说，普通班也没有你听到的那么不堪，老师都是很负责的，用的教学教案都是年级审定过的，不必担心。

我的一位孩子刚上重点高中的同学告诉我，教育要讲规律，孩子适合在什么班就放到什么班。她还举了两个把自己孩子从重点班转到普通班的例子。

奇爸说，他考的什么班就进什么班。

我也矛盾，一方面，我希望孩子能进入重点班；另一方面，如果告诉他即使他只考进了普通班，但我们依然可以把他送到重点班，那他会不会有心理依赖，觉得爸爸妈妈可以替我搞定一切，家族里已有这种事例发生。

最终决定就进普通班吧。我的孩子即使送到了重点班，以他目前的水平，也只能是一个中等生。小学阶段，他极少有名列前茅的时候，唯一在小学有一次考了班里第四名，结果总是怀疑那次好学生们都失误了。他需要树立对自己的信心，而这个信心在重点班是肯定达不到的，在普通班反而会有较大的希望。

就这样，奇奇进了普通班，在初一第一学期末就考到了班级第二，之后基本稳定在前五名。中考时班里有六名同学考到了本部的重点高中，奇奇还在分班时考到了次重点班。班里排名第一的孩子在进入高中后即表现出他不凡的一面，高一参加生物竞赛获得全国一等奖，然后一路过关斩将，到高三入学伊始就率先接到了来自北大的保送通知。

初中三年属于义务教育阶段，重点班与普通班的差别还是蛮大的。

首先是生源不同，初一入学一个月后的月考，总分120分，奇奇的同桌仅考了23分。后来的一个同桌经常会质疑他为什么每件事都要干那么好？初二时开家长会，老师说班里有一个同学过生日去五星级酒店花了一万多；还有一个同学每天骑着一辆摩托车来，班主任把这事告诉了家长，家长的反应是："噢，我以为他骑的是别人的。"

其次老师的水平也相对参差不齐。初一时奇奇的作文考试一度总是跑题，我跟语文老师交流，看有什么办法改进？老师给出的建议是不行就上个辅导班吧。我自己又去找一位曾经担任过高中语文老师的同学咨询，用了她给的方法渐渐让奇奇的作文有了起色。

到了高中的重点班后就有了很大的转机。学习氛围浓厚，与优秀的人同伍，催生出自己内在的优秀，就是在这时，奇奇开始疯狂地爱上了读书。并且时时会告诉我，班里的同学真的很优秀，他的同桌参加了汉字书写大会，并且去过很多地方，感觉同样的十几年，似乎人家比他的时间多了很多。

然而即使进了重点班，依然也会有一些同学逐渐无法跟上越来越繁重的学业，从优秀到普通。很多家长与孩子都无法接受这种现实，在强手如林的班级里，一些孩子给自己的螺丝越拧越紧。一位家长跟我说，他家孩子常常忙到没有时间洗澡；另一位家长说，孩子开始有了厌学情绪。

高二分了文理科后，优秀的学生集中到了一起，奇奇所在的班属于次重点班，由于水平基本均衡，每次考试就如同坐跷跷板，忽上忽下，家长的心也如同过山车跟着忽上忽下。

班主任是一位富有经验的带班老师，一上高二第一次开家长会就明确提出，全班的孩子水平基本相当，最终在高考阶段拉开距离的主要因素在于能否按照学校的要求坚持不懈。她的要求很简单，就是从管理作息开始，包括节假日。这种看似简单残酷的方法十分奏效，高考后两个平行班相比，奇奇所在的班比另一个班在考取大学的整体排名上都高了一个台阶。

其中也有不少失利的。一位平日排名总在奇奇前面的同学这次却落在了后面，班主任说其中一个重要原因就是家长与孩子在坚持方面做得不够，身体不舒服了，情绪不高了，向任何一个理由让步都会影响坚持度。

我一位朋友的孩子在奇奇上一级考取了清华，当我问她最初的目标是哪里，她说是同济。她的孩子把坚持做到了最后一刻，高考第一天结束后，晚上依然按照以往的复习计划准备第二天的考试科目，背英语、看书。

高考制度的残酷性与公平性与体育活动十分类似，都需要一定的天赋与基础训练做铺垫，在进入最后集训阶段，就是密集的甚至是刻板的训练训练再训练。有经验的学校与老师会将计划细化到小时，并对各种细节毫不放松。

高三第一学期我接到班主任的电话："你来一下吧，你儿子状态不好。"

下午我忙完后已经五点多，给老师发信息："我现在过来可以吗？"

"六点四十你来吧，前面我要开班会。"

当我到达老师办公室时，两位老师正忙着对学生进行辅导，旁边还有三四位同学在等待。班主任正跟一位同学说话，大体是在分析学习中存在的问题，老师要求每天早上早到十分钟，背公式；第二位同学是这次物理模考没考好，一米八的小伙子悄声地流泪，老师安慰说没关系，现在是最难过的元月份，天气不好，人的心情也会郁闷，过了这一阶段就会好的，并说第二天会跟孩子一起去找物理老师。

轮到我了，老师简短地说："叫你来就是给孩子一个压力，你别说话，看我跟他说就可以了。"

然后奇奇来了，老师说："你看你最近考成这样，我叫你妈来看看，如果还是没有改善可能就待不到咱们班了，你说怎么办吧？"

奇奇说当他在用功的时候，别人也在用功，所以自己的进步就显现不出来,但是他有自己的计划。

"什么计划?"

"每天晚自习后半段自己找习题强化。"

"谁检查呢?"

"我做完后给老师交过来签批。"

整个过程简洁高效,我心里由衷升起对高三老师们的敬意。在看似刻板严格的行为背后,潜藏着一颗敬业专业的心。同时也纳闷这样的一天,老师何时有休息与吃饭的时间呢?班主任笑着说:"我们早就练就了十五分钟内解决吃饭问题的本领,至于休息,班里最后一个同学休息了,我们就可以休息了。"她说的是每晚班群里都会由家长上传的完成作业情况。

高考前一天,班群里不断收到每一位任课老师发来的留言或语音视频:"孩子们,明天我们就要进行第十八次大练习了,我们再去做几套试卷,再去涂几张卡,考题对你们来说不是易如反掌,就是囊中取物……"

奇奇这一路走来几乎没有做什么选择。

其实任何选择都有两面性。

身边有一个孩子,从小品学兼优,高中因参加竞赛考到了重点高中,家里又想法将其送到了更好一些学校的重点班,孩子进到那个班，由原来的前几名变为后几名。既不喜欢与班里那些整日只知道学习的学霸为伍，又无力把自己的学习搞上去，整日沉迷于网络，最后从重点班跌到普通班，从父母心目中的清华学子考到一所普通大学。

或许是因为身边这些案例，对于奇奇的成长，我们保持了一颗平常心。

六年级时奇奇跟我说："妈妈你如果从小对我严格一些，或许我就会比现在更好一些了。"

我说："至少我让你有一个轻松快乐的童年吧。"

有一句话叫等待绽放，非常符合为人父母的心理。

不管是在重点班还是普通班，孩子还是那个孩子，重点班有知识广博、教龄丰富的老师，有学业优秀、志向远大的同学，孩子一心在这里求学，心无旁骛，确实大有裨益；然而如果孩子不够那么优秀，在重点班高节奏的学习过程中，不断掉队，或者心生自卑，就真的需要重视了。

学校与老师主要关心的是那几年的成绩，作为父母，我们关心孩子一生的幸福，而这幸福，很大程度上将与孩子自身的心态与行为有莫大关系。

写于2017年12月，改于2019年5月

与书及文字的故事

有位朋友忧心忡忡地跟我谈及她的孩子不喜欢读书,我将奇奇的读书经历讲给她听。

小学阶段奇奇只喜欢一种书——漫画,家里买的《漫画世界》摞起来快有一米高,他因此也如痴如醉地喜欢上了画漫画,画的是简体的火柴人形式,有人物,有情节,当然情节主要是各种打斗场面。

为了培养奇奇对科学的兴趣,我买了一套《可怕的科学·经典数字》,这套书以平实的语言,搞笑的漫画配文,把数学界的一系列问题以一个个小册子的形式讲述出来,其中有一本是《概率》。当时心想,这本恐怕得上了初中才可以读得懂吧?反正我在大学时学概率基本就是个不求甚解。没想到奇奇对这套书居然爱不释手,最令我吃惊的是他对那本《概率》尤为喜欢,吃饭时也常常将书中的案例讲给我们听。

后来我又陆续买了《可怕的科学》其他系列书籍，这套书成了奇奇小学业余时间读得最多的书。

要上初中了，奇奇依然没有对文字书产生任何的兴趣，在爸爸妈妈的共同策划下，假期看了一本古龙的《绝代双骄》。爹妈都是武侠迷，觉得儿子不会连武侠都不喜欢。然而这一本书看完，儿子居然又回到了从前。初中三年，妈妈买的学生热书、励志书、辅导教材只要拿回家就被束之高阁了。

初一考试，好几次作文跑题，我郁闷地给语文老师打电话，云里雾里说一阵，结论是不行你就给报个作文班吧。我不信这个邪，又向一位当语文老师的同学请教，她给出的方法是：找一些小文章，写心得感受。我买了一套《哈佛家训》，里面全是小故事，文字不超过两页，每天读一篇，然后写心得。后来又买了两本经典散文集，依然用这个方法来练，这一时期算不上顺利。曾经为写心得，老妈与儿子闹得不可开交，初二时去海南休假，晚上因为让写心得，青春期少年愤然摔门而去。那天正闹台风，楼下风声呼啸，老妈下楼找儿子，一会儿发现老爸也下来了，原来儿子出门前带走了房卡。

学校每个学期都安排有必读书目，按照要求，奇奇零零碎碎地读了《居里夫人》《西游记》《水浒》《三国演义》《培根随笔》，其中培根的小短文成为奇奇的最爱，这预示了他上高中后的兴趣延展。

初三时，奇奇对历史产生兴趣，主动买了《二战史》《全球通史》，至于读到什么程度，就说不上了。

高中开学前一周，学校组织统一军训，军训回来后，奇奇破天荒跟我说了一句："妈，你带我去书店转转吧。"咦，太阳打西边出来了？那天他去书店买了几本教辅书。问了，才说，军训期间，同宿舍的同学一回屋，不是做题，就是看书，他受刺激了。

环境对人成长的影响的确至关重要啊！

高一教语文的是学校的名师姚老师，姚老师在奇奇心中是个传奇人物。早在中考前，根据学校排名，奇奇进入高中部预录名单。为了吸引这些学生，高中部提前给他们安排了几天的课程，其中讲授语文的就是这位姚老师，那天奇奇回来说，姚老师带出了好几个状元，言语中充满了对高中部和姚老师的崇敬。高一期间，奇奇经常会跟我讲起姚老师的神奇，说姚老师知识如何广博，讲授如何精彩，每节课都有一个主题，从一个小词语说开去，说到天地间，然后突然又落回到了正在讲的内容上。

也许是受到来自老师与同学的双重影响吧，奇奇上了高中后在阅读方面跟换了一个人似的。高一阶段，似乎要恶补之前读书方面的欠缺，各种散文、各种古代文学诸如元曲、宋词，西方文学，经济学，哲学，心理学，逻辑学，还有热书如《时间简史》等，渐渐的，发现了一些自己更加感兴趣的领域。首先是西方文学与哲学，从《神曲》开始，文艺复兴时代的那些人占据了高一时代奇奇的大脑，但丁成为他最熟悉的书中人，之后是尼采、斯宾诺莎等。其次是逻辑与心理学。第一次说要买逻辑书，我买了简易本，不到一周，奇奇提出需要一本更加规范的逻辑读本，并且自己选择了作为大学教材的《逻辑学》版本；心理学读本也如法炮制，直接买了两本大学教材《认知心理学》和《行为心理学》。至此，我对奇奇有点刮目相看了，青春期少年的求知欲与执着在此时可见一斑。进入高三，奇奇跟我说他未来要从事心理学相关行业，尽管这个结论有点让我猝不及防也不是十分满意，但在他这个年龄有了如此坚定的认知倒颇令我佩服。

高二时期，奇奇的阅读领域广泛得令我瞠目结舌。首先是疯狂地喜欢上西方文学，从欧·亨利到契诃夫到莫泊桑，发现自己更加喜欢欧·亨利；某天听同学说纪伯伦的诗有点读不懂，好奇买了一本《沙与沫》回家，结果一发不可收拾地爱上了纪伯伦；之后买回了一摞西方诗歌集，自己尝试写诗，然后开始研究诗词歌赋的韵律及词牌，并给自己立下一个宏愿，一年后出一本诗集。当然后来发现写诗与心境有极大关系，并不是你想写就能写出来的。然后是《老子》《荀子》《孟子》《庄子》《韩非子》等，并发现自己更喜欢韩非子。到高三时，他被班里同学称为"哲学家"，语文老师在涉及一些相关领域的阅读时，大都让他来回答问题，一些同学也愿意跟他讨论诸如人生的意义等问题。有一次跟他谈到这个问题，他说其实并不是出于猎奇去看哲学以及心理学方面的书，只是因为所思所想与这些书中的表达相吻合，于是才产生了浓厚的兴趣。

阅读给奇奇带来了更加广阔的新天地，之前周末除了在家里打游戏，基本大门不出。从高二开始，一到周末，无须再有闹钟，一个人早早地出门，骑车漫游西安，其中专门回了一趟童年居住的地方，回家后赋诗一首；书店成了他得空就去的场所，渐渐的，他练就了一副看书买书的本领，不管是从别人那里听说的，还是在某篇文章里发现的，或者是在书店里偶尔碰到了，他都能快速发现自己喜欢的书籍。

有天我跟他说，你这变化也太大了吧，从高二进入理科班之后，你疯狂地热爱上了文学，让我怎么理解呢？是不是选错科目了？他振振有词地反驳我，说他是一个坚定的理科生，但并不是理科生就一定不喜欢文学。其实在内心里，我是欣喜的，做一个喜欢阅读的人，无论何时，内心都是充盈、丰满的。看看我上了高三的儿子，每周还会到书店转一转，在门口的咖啡馆里看半天书，可以经常跟老妈畅谈一下最近正在读的书。与那些进入高三，问还有什么爱好，说哪里还有时间看书谈爱好的孩子相比，他的高中生活还是不那么单调的。

说到看书的场所，奇奇真的是无所不用其极。某天问我地铁上什么时候人比较少，原来他想找一个能够让自己更加专注读书的地方。也许是受小时候外出自驾游的影响，他觉得交通工具是一个封闭的只能做与精神世界活动相关事情的场所。周日早晨，他一个人背着书包去坐地铁。后来又找到了一个好地方，咖啡馆。本来我说对面大学校园的自修室特别适合读书，结果他去了一次就辗转到了麦当劳，麦当劳冷气太足，他就又转战到门口的咖啡馆，从此这地方成了他固定的读书场所。爸爸不太理解他的行为，说这是小资青年"装"的，我觉得不管这是不是青春期的一个行为，他为自己的爱好做过各种尝试与努力就很值得。

喜欢阅读自然就对文字比较敏感，也会愿意用文字来表述自己的心思。奇奇在高二阶段尝试用诗歌来表达自己的所思所想，高三下学期我为他准备了一本记录十八年成长的文字版《成长点滴录》作为成年礼，邀他写了一篇跋，他欣然应允，并仅用了不到一个小时就完成了近1500字的文稿，读后令我十分感慨，十八岁少年对于生死、人生的理解远超我们成人的想象。上大学后我与他约定，每月进行书面交流。透过文字，我读到了千里之外的儿子在新环境里的所思所想，书面文字透露的是我们平时口头交流很难看到的另一面。

孩子从小喜欢阅读自然是幸事。一位朋友的孩子打小喜欢读书，喜欢写作，从初中起就参加了各类作文竞赛，并且屡获奖项，已经成为小有名气的学生作家，写作已然成为其生活中不可或缺的一个部分，日后也必将成为工作中的一个"长技"，生活调剂中的一个良品。

如若孩子小时候并未如预期般对文字产生兴趣，假以时日他会感觉到内心的呼唤，愿意从文字中找到共鸣呢。

2019年5月

那些我们上过的兴趣班和辅导班

现在城市里从小到大没有上过任何兴趣班与辅导班的孩子实在是凤毛麟角。

新妈妈们对孩子的早期教育格外上心,我也不例外,领着奇奇去上早教班。老师让年幼的小朋友们坐在地上,奇奇哪里可能老实,一个人跑来跑去,在小朋友们中间转圈圈,好不容易挨到课间,我赶紧带着奇奇逃离。

上幼儿园时就在园里给奇奇报了画画班,最主要的原因是可以因此晚接一个小时。起初是水彩、水粉,后来是国画,暑假期间日子漫长,也用画画班来打发时间。想来奇奇也没有太高的美术天赋吧,上了这么些班也没看出哪幅作品令我们印象深刻。

其间还学了一段时间武术,因为同班的好朋友在这个兴趣班,但很快奇奇就拒绝去学了,因为没有时间玩了。

幼儿园毕业时报了跆拳道,男孩子嘛,磨炼一下意志增强力量总是有好处的。还有一点令老妈很满意,道馆就在院子里,奇奇完全可以自己去上,即使老妈去接送,也不耽误任何事情。

第一个周快结束时,一天,妈妈去接奇奇,教练正在跟奇奇说着什么,小家伙低着头一声不吭,原来是学太极一章,教练要求下周内要练会。老妈理解儿子的苦衷,万一学不会怎么办呢:"奇奇,我们跟教练说,一定认真练习,下周拿下太极一章。"小伙子还是一副极不情愿的样子。回去路上,妈妈开导奇奇:"我知道你的想法,你是担心答应教练的就一定要做到。还有一个周,只要我们认真练习,肯定可以通过的。"奇奇这才露出轻松的表情。

虽说跆拳道练习基本顺利,但奇奇真的是太爱玩了,对跆拳道占用玩的时间还是有些可惜,特别是训练的时间刚好是奇奇看动画片的时段,于是就有了这样的场景,老妈直接把奇奇推出门:"你如果不上训练课,就到外边玩去,反正两个小时以后再回来。"还算听话的奇奇没有选择逃课,乖乖去了道馆。

两年后在晋级蓝红带时碰上了麻烦,考试科目中的跳前踢击破头顶四十厘米处的木板一项在首次考试时没有通过。这是孩子遭遇的第一次挫折。在二次考试的前一周,奇奇训练时又扭伤了右脚,妈妈为其晓以利害,问到底是脚的康复重要还是考试重要,奇奇说都重要。两天后继续训练,诚意感动老天,考试当天一脚破板。

这次挫折教育不但让奇奇从中受益良多,也考验了老妈舐犊情深的脆弱神经。

又过了两年,奇奇即将进入晋级黑带之列,甲流光顾了奇奇,也彻底终止了跆拳道训练生涯。

四年的训练,奇奇依然清瘦,但以他的话来讲是瘦而不弱。大量的运动,时常的小伤,冬天在没有暖气的场馆里单衣单裤训练,练就了男孩强健的体格与不怕苦、不怕冷、不惧伤的坚强意志。

就在这一年,妈妈给奇奇报了钢琴课。其实学钢琴本是妈妈久埋心底的愿望,之前有一次试学的机会,可是那会儿儿子正忙着玩沙子,说啥也不去。之后老妈忙于攻读硕士,业余时间全部交给学业。待到老妈学成归来,小儿子已然有了主意,不去,学琴那是女孩的事,男孩不学。虽然他每次去两个姐姐家,都要在琴前乱弹一气,但说到学琴,还是抱定一个主意,要弹就买回家乱弹,学是不可能的。这让老妈多少有些遗憾,每每想起刚出生四十多天他就听着音乐转铃能专注两分多钟,想起从外边租个小架子鼓回来他边弹边唱的样子(自然还是乱弹),想起每一次去KTV随着音乐节拍给老爸老妈伴舞的情景,便有些遗憾那一点音乐天赋将被埋没。

这次给奇奇再次说起学钢琴的事情没费多少周折，首先地点很近，其次他认识的一个小朋友也在学琴，最重要的是每周只学一次，一个小时，于是小儿子点头同意。

第一次去拜师很腼腆，但是和善的韩老师，与他商量式的说话方式，最后还给了几个巧克力，立刻给儿子留下了很好的印象，当场就同意把一周一次改为两次。

接下来的学琴日子来了，老妈真的很佩服这个老师，不停地夸奖，不停地感叹，以至于到最后也没分清到底是儿子真的心灵手巧，还是老师的技巧。总之一小时结束后，儿子意犹未尽地把当天学的又弹了一遍，还把要放在老师家的乐谱也拿回家，再次进行仔细研读，第二天才发现儿子已经把后面要学的内容提前看了几遍了。

回家第一件事就是要求老妈必须在下周把钢琴买回来。

老妈有点为难："买钢琴可是一笔大投资，要近两万元呢。"

"那我可以给你们十块钱。"要知道在奇奇心里，十块钱可是最好"使用"的。每次家里的长辈要给他钱，他只要十块钱面额的，因为钱太大了总要找很多零钱，并不好用。

"那万一你将来不喜欢了，买了钢琴就浪费了。"

"我如果不喜欢就把钢琴吃进去。"

老妈希望把这件事电话告诉还在出差的老爸，儿子不同意，说要等老爸回来给他一个惊喜。

夸下海口的奇奇自然无须妈妈花太多的精力跟着检查或者督促，一个月后，奇奇说了句心得："弹钢琴可以让烦躁的心平静下来。"

这时候奇奇已经十岁上四年级了，从潜能开发的角度来说已经错过最佳的时间，但因为还算喜欢，所以在练习的时候不需大人太多操心。当然，也跟妈妈一向的期望有关，并没指望他成名成家，只是当作一项爱好开发而已，所以练习的频率自然也不高。上初中后学习繁忙，到初二后只能在假期练习，但每到假期奇奇就主动跟韩老师约上课的时间，甚至到了中考与高考后也把弹琴当成一项重要内容列到计划中去。

上大学一个月后回家仅有三天时间，晚饭后妈妈叫奇奇一起出去，结果听到回答："哎呀我把你的事忘记了，我刚约了韩老师去她家聊。"

看来钢琴没有学到啥水平，倒是结识了一个忘年交。

每每看到朋友们展示自己孩子的美术作品以及各种考级证书，都由衷赞叹，经历过轻微兴趣班的我们，知道其背后的付出与艰辛，也明白这样的付出在将来的某一天总会幻化成某种回报。

不过，既然是兴趣班，那些能够坚持下来的才是真正的兴趣。

我的外甥女上高中后开始学习舞蹈，坚持不辍。不管在哪里，只要有能够上台的机会就全力争取，每次看到她展示自己的舞台画面，都能由衷感受到她内心的热爱。由于缺乏小时候的练习基础，她自学过程中把握不住力度，伤到了腰，有时候她会谈到小时候没有上过兴趣班这件事，看得出她很遗憾。

也许这才是兴趣班的真谛，让孩子通过不断的体验，不断的试错，真正找到自己愿意投入精力的兴趣点。

其实人的一生不也是这样不断地体验与寻找吗？

与其他孩子经历过的丰富多彩的兴趣班相比，奇奇可算是起得晚还歇得早。再说到辅导班，就更是乏善可陈了。

奇奇第一次上辅导班是三年级下学期，妈妈发现在幼儿园已经能够讲一点流利英语的孩子居然退步到连二十六个字母都拼不全，有点触目惊心，于是立刻决定报辅导班。

当然以妈妈一贯的做法，自然选择能够轻松愉快学习的地方，于是选择了英孚。

第一次去，奇奇就表现出很喜欢的感觉，哇，教室外边居然还有专门可供打游戏的地方，为了这个，每次都要提前一些去，晚一点走。

奇奇在班上一直不算太优秀，每期结束时，老师宣布的表扬名单里从没有出现过奇奇的名字，很多次妈妈都能感到孩子心里淡淡的失落。

由于这种英语班重在口语,对学习的提升效果很慢,不过语感与听力的基础是打下了。奇奇在那里还喜欢上了一位年轻的外教老师,并在离开英孚时留下了老师的电子邮箱,后来因为不慎遗失,成为奇奇十八岁之前的一大憾事。

五年级面临小升初,决定上奥数班,进入后才发现大班已经进入总复习阶段,就选择了一对一,老师从数学的列算式、打草稿开始,一点一点纠正奇奇的学习习惯。

小升初考试很快来临,一对一辅导的成效无从验证,奇奇进了普通班。

初二时,数学中的方程有些难度,在征求了奇奇意见、咨询了过来人的经验后再次选择了一对一。

第一次上课妈妈陪着一起去。是一位富有经验的老师,从奇奇作业里的一道题开始,很快层层递进,一个一个知识点在不经意间逐渐展开,两个小时一晃而过。

奇奇跟着这位李老师学习了近一年。

上了高中,妈妈看着奇奇的成绩始终徘徊不前,再次提出是否要一对一。他直接否定:"我很清楚自己的问题,给点时间,我自己解决。"

好吧,我选择相信孩子。

初中时教学经验丰富的校长与老师不止一次地强调,要跟上学校的进度,适度选择辅导班。因为,你很难搞清楚你孩子的成绩是通过辅导班提前上课提高的还是自己真正实力的体现；除非你清楚孩子的问题在哪里，给予针对性辅导。

上了高中后，一位自信的老师更是强调："不要给我的学生在外面报辅导班，因为我信不过他们。"

我选择了相信学校。

2019年5月

对话"考试"(上)

解决学习中的拦路虎

前天晚上给爸爸打电话知道你的数学成绩75分,不由得心一沉,这个分数可能也远远不是你预想中的。我知道你的心情很不好,开学第一次月考就是这样的结果,无论对你对我还是对老师都不是一个好消息。

后来接到杨老师的短信,说她已经跟你谈话了,我不知道具体内容是什么,但是很感谢老师在第一时间这么关心你。她说要鼓励你,可见在老师心目中,你是一个受她重视的学生。

回过头来看看你的数学为什么考成这样,计算错误是我们不止一次碰到的拦路虎了,可是一而再、再而三我们总也解决不了它。是太难了吗?我相信你会说不是的。可能由于一开始你看题量大就慌了,所以做得快了点,一快就容易错。如果是这样，那么我们的问题就是计算的基础不扎实，没有形成一个好的运算习惯，所以特别容易出错。现在老师的做法就非常好，一步一步来，先求准确，再求速度。记得我们在小升初备考前说的，只要是会做、能做完的就要做对，然后再求速度，否则，看起来是全做完了，可是正确率太低，又有什么意义呢？计算就是这样，熟能生巧。妈妈以前的数学学得其实很一般，尤其是难题方面，基本一筹莫展，但是我从来不放弃基础题，而且正确率特别高。记得我跟你说妈妈高考数学成绩118分，总分120分，幸运的是那年的数学很简单，正好给我这种没法做难题的人有机可乘，可是如果我平时的正确率太低，那么简单又有什么意义呢？小升初考试你经过，其实并没有那么多难题吧？中考也是一样，基础题型占了很多，我们只要把这些简单题做到98%～99%，你想想成绩怎么可能上不去呢？

　　说到基础，妈妈为你现在的语文错别字减少感到非常高兴，这也是你在语文学习中跟数学计算错误一样的一个拦路虎，一定要想办法把它拿下。昨晚让你改家校联系本上的两个错别字，你不以为然，其实写字就跟计算一样，是一种习惯，只要养成良好的习惯，不管在哪儿，都是我们最可宝贵的财富。妈妈在上学时，语文成绩特别好，一个体会是字词拼音是基础，这些方面如果有错误，语文成绩不可能好到哪儿去。工作后，我发现生活中还有那么多人在这方面没有过关。有时就很纳闷，这些都是应该在小学阶段完成的啊，为什么他们会犯这些错误呢？小学是怎么学的？后来想通了，其实真正能把这些基础问题解决得好是一辈子的事，因为你要坚持把学习看成是一辈子的事。在小学一二年级拼音是学习，到了中学一二年级拼音就基本不需要刻苦学习了，如果在开始没解决好的事，把它遗留到以后，就成了看似简单但一辈子都学不会的问题，到后来怎么可能不耽误自己呢？

上次开家长会，杨老师说重点班跟普通班最大的差异就是学生的学习习惯与态度，你现在想想是不是这样？

所以给自己要求，养成良好的学习习惯，就从解决学习中这些最基本的拦路虎开始。

2012年9月

语文要慢慢来

昨晚做阅读，你完全不在状态，本来需要很短时间的一篇阅读，生生地花了快一个小时。

你说你不喜欢语文，所以就从心里抗拒，包括做阅读。

可是我明明看到你有时自己一个人在那儿翻看阅读资料，可能你抗拒的只是做阅读题吧？

可是孩子，关于阅读的重要性，估计妈妈不说你也清楚，这是真正考察你对文章理解、总结、提炼能力的大事。而这些能力，不仅会对学习数学、物理、化学等各科都有帮助，而且会对你一生都有益处，比如你的口头表达、书面表达、演讲、辩论等，都建立在阅读的基础上。甚至可以说，良好的阅读能力会让你一生受用不尽。

可是语文的各方面能力都不会一蹴而就，比如字、词、句，而阅读就更需要长时间的积累。其实你想想英语、数学何尝不是这样，只是因为数学在现阶段的学习主要集中在某一方面，等到了初三、高中以后你们的数学知识也需融会贯通，如果存在基础不扎实的情况，到那时可就真傻眼了。

再说了，阅读是你必须面对的一个大问题，阅读不好，会严重影响语文成绩，所以我们必须正视这个问题。

妈妈的一个建议是，我们从现在开始，每周保持两篇阅读量，要精读，一是了解文章的主要内容、思想情感及心得体会；二是掌握文中的精彩词、句、段，选择一个句段，进行仿写；三是对文章的阅读题要认真进行总结，对照答案，分析自己做的与答案的区别。

每周两篇的阅读我们一起来完成，相信自己，也相信妈妈，这是很多人的经验之谈，假以时日，我相信你的语文成绩一定会有一个飞跃。

2012年10月

主动学习

前晚临睡前你突然说要补音标,令妈妈一阵高兴。要知道,这是你学习以来第一次主动提出要补课。这一天我终于等到了。

关于学习方面的资料,我最近一直在搜集,不知道你是否认真看过?其实在收集这些资料的过程中,我也在学习,学习一个中学生的母亲应该如何做。小学六年,把你全部交给自己,很少给你在学习方面有辅导与建议,现在希望能补上这一课。

在北京四中的学习方法中,提到很重要的一条是中学生要学会自学。这一点我也深信不疑。老师讲的毕竟有限,更多的是要在平时养成自学的习惯,将老师没讲过的、没讲清的、自己没听懂的通过自学完成。

你现在提出要通过课外的学习完善自己学习中的短板,就是最可喜的第一步。说明你不但知道了自己的不足,还能正视这个问题。好学生与差生的区别一是态度,二是习惯,好态度体现在认真对待自己学习中的每一个问题。音标是英语学习中最基础的一环,其作用就跟语文的拼音一样,回忆一下你是如何学拼音的?幼儿园大班整一年,你每天都要回家拼读,这个过程很辛苦,但是效果很好。昨晚你在词典中拼读了几个,是否觉得很有收获了呢?对于重音、一些复杂的元音与辅音的连读,还需要一段时间的练习。你可以自己体验与总结,这比做题还要快。

开学一个半月,你的进步妈妈看在眼里,你自己肯定也能感受到。这个变化可以说是天翻地覆的,特别是主动学习这一项,真的进入了一个新境界。只有你主动学习了,妈妈才不用天天在你身后督促;只有你主动学习了,你才会直面自己学习中的问题;只有你主动学习了,你才能感受到自己的进步与不足;也只有你主动学习了,你才能体会到学习中的乐趣。孩子,学习其实没有那么乏味,你对学习有感情,才会有投入,才能有收获。反之亦然。

昨晚你写《秋天的风景》,咱俩发生了争执,我觉得这也是一个学习的过程。你想想,我会有那样的想法,老师看了肯定也会有感觉的。所以这就是一个问题。如果我们不解决它,可能你自己也不会觉得,就会任由其发展下去。这点在你小学阶段教训很多,那时我总觉得你的计算错误、写错别字等不是什么大问题,可是现在看看,这些还真就成了你最大的问题。

所以从一开始就不要容忍自己的小错误,认真对待每一个小错误,我们把失误率降到最低,并且把这种认真的做法养成一种习惯，相信你会受益终生的。

　　说到这里，再多啰唆两句关于认真对待学习的问题。初一的内容不多也不难，所以我们要从现在开始，以全新的态度与行动对待学习。上课认真听讲，下课认真做作业，每周复习当周学习过的内容，检查当周的错题，只要我们把课内的知识都学会，对其中一些难点稍微下点功夫，不需要做太多额外的作业与题目。

　　但是关于"认真"，要做到可能会很不容易，特别是你现在已经养成的一些习惯。我觉得还是要改，比如对于不太清楚的问题一定要弄明白，要敢于和老师讨论问题，这个你慢慢来体会。

　　现在你特别进步的一点是每天都跟同学对答案，讨论难题，这是一个了不起的进步，只要我们坚持下去，一定会有收获。

2012年11月

不积跬步，无以至千里

　　这几日，第一次迎接初中的期中考试，你没想到原来这么轻松吧？

　　妈妈也很高兴，看到你认真地准备着，每天自觉复习，一切都进行得有条不紊。

昨晚帮你复习英语，发现你们老师很厉害，平时讲的要点都很到位；你也很厉害，笔记记得那么清楚，做题时头脑清晰。还有数学，那些中考题都是些典型题，在你看来，也就易如反掌。看来这短短两个半月的学习，已经让你进入了良好的学习快车道了。

最近我看了一些中考状元的心得，其中有一点印象特别深刻，就是初一开始，养成良好的心态与行为习惯，以考试的心态对待每一次做作业，以平常心对待每一次考试，这样在最后一战时，就会游刃有余。

想想看，我们坚持了一段时间的阅读练习，你的阅读能力已经让我刮目相看了。

从小，你就是一个心里特别有数的孩子，每一件事都要进行计划，这对于你这样的年龄来讲是非常不易的。记得我小时也经常做计划，但基本也就限于计划而已，能够成行的少之又少。能够把一件容易的事坚持下来是很不容易的，而你在这两个半月的时间里做到了。

以妈妈的经验来看，很多人能成就大事，他的聪明、才智固然重要，但更多的是坚持，能把一件简单的事做到最好。所以，孩子，坚持下去，我们不求成为最会解难题的那个学生，我们也不要求自己把所有的事情全部做好，我们只要把平时每一次作业、每一次考试都认真对待,把我们力所能及的事情做好就行。

2012年11月

用心去阅读

昨晚跟你一起读《繁星·春水》,你说你看不懂,然后问每一句诗背后有什么引申义。

我承认,你们老师在小学阶段就讲了好多技巧类的东西,说明现在的教育真的很超前。但与此同时,似乎也缺失了一些东西。是什么呢?我的感觉是没有让学生理解阅读的真义。

你们现在的阅读,大部分本着完成作业的想法,似乎也没有更多的动力来体会文中的真实情感,似乎是本能地在拒绝文章带给你的感受。有一句话说,既来之,则安之,既然作业这个东西是你无法改变的,那么我们是不是可以变化一种想法呢,认真投入地去阅读,用心阅读,用心体会!

用心阅读,我们能体验中华五千年的香韵,能品味唐诗宋词元曲明清小说的清幽和旷达,能体验李太白那"安能摧眉折腰事权贵,使我不得开心颜"的豪迈,体验文天祥"人生自古谁无死,留取丹心照汗青"的凛然正气,更能体验李清照那

"凄凄惨惨戚戚"的忧愁与悲愤。

还记得你上小学时给我讲过的两个故事吗？都是你上课的时候老师发的阅读作业，你讲的时候哽咽了，我当时很惊讶，惊讶于你小小年纪，就有这么深刻的情感体验。回想我小时候，似乎只到了小学毕业时，看《红楼梦》，黛玉死时"香魂一缕随风散，愁绪三更入梦遥"，眼泪潸然而下；看《李自成》，李自成逼着慧梅嫁给她不喜欢的人时，也悲愤得无以复加。

你是一个内心敏感细腻的孩子，这在同龄人中是少见的，而这些也是能够用心阅读体会的最基本前提，所以投入地去阅读吧，体会文中的情感，这比什么都重要。至于阅读中的分析方法，这些老师都已经在上课时讲过，我就不赘述了。

2012年11月

幸福的喜悦

昨天查到你的分数，就想着你知道这个消息该会是什么反应。一天前，我说要查成绩，你恼怒地说，也不让你消停一天。昨天中午看到群上热火朝天地说分数的事情，忍不住也上网查了，然后更忍不住跟爸爸一起去接你，爸爸本来说不要给你说，害怕语文低了，受影响。我说先让我们高兴一下吧。

今早看到语文成绩,跟爸爸说了,他说最高兴的是我。我说是啊,这是我跟儿子共同努力的结果。

说这话没错吧?

很多平时学得好的学生这次拉分主要在副课上。想想我们一起复习的情景,历史考第一我认为不是偶然。

五个月的辛苦,我们终于换来了今天的喜人成绩。儿子,今早我跟同事分享你的喜悦,大家都说,男孩有后劲!

想想这五个月来,我们始终如一的坚持。每周两次的阅读,很快你就对阅读不再胆怯与外行,对那些看似莫名其妙的辞藻也能分析出一二;每周的《新概念英语》,还有音标、语法、单词,想想看,几个月前,你对单词何曾达到过如此的熟练?卷子上我看到的是你秀美的英语体,不再出现关于大小写、单复数等简单的错误了。加上平时老师训练得及时,英语用扎实来形容再贴切不过。副课这次考得好,初看出乎意料,再想也在情理之中。在最后的复习时间,我看到你上课的用心,已经把大部分内容掌握得融会贯通,留下那一点点"小尾巴",也被你在复习的时间全部主动消灭掉了。虽说这些副课相对主课来说没那么重要,但通过这次考试,你是否可以体会到平时学习与考试成绩之间的关系呢?课上的时间用得好,知识就掌握了七八分,课后对掌握不好的拾遗补阙,就成了八九分,经过一段时间的遗忘,可能又回到七八分,但考前认真准备准备，到90分就基本没什么大碍。

今天在群里看到家长们议论纷纷，可以看得出，发言的大多是平时考得相当好的学生家长们在"秀"呢，不过其中有很多学生没考好的原因主要是没重视副课。

想想这次你考好的主要原因也就是沾了副课的光。单就主课来说，语文上升了，第八名，确实可喜可贺，这也是你这学期最好的语文成绩了。数学第十一名，从名次上来看，不高不低，但就这次试卷的难度来讲，这个水平是有点不应该的。特别是到中考的时候，数学的难度会比这个高，由此拉开的差距会更大。

记得在上小学时，你得了第四，惊喜之余，你觉得这只是一次侥幸，是那些好学生们都失误了，才有了你的抢先；之后你虽然一再说得分高要保住名列前茅是很难的一件事，可也就是说说而已。可那个时候你知道班上多少学生已经开始了校外的辅导班，一个接一个地上，他们一面发着牢骚，一面在不知不觉中让课内的成绩悄然上升。辰辰就是这样不知不觉在六年级下学期成了班上第一名的，在此之前他也一直没有名列前茅过。

昨晚你高兴之余，开始了数学的练习，钢琴的练习。我知道，你不再是那个只会叹息着说保住第四名不容易的小男孩了，你已经开始了行动。初中三年，说长不长，半年转瞬而过。记得你刚入学时，妈妈就做好准备，既然我们已经在普通班了，那我们就需要厉兵秣马，将三年的功夫融入日常，从开始就以一颗积极的心面对现实，接受挑战，我们不能在初三才奋发图强，只要我们保持这样一个态势，持续努力下去，我们不会在中考时候输的！

　　妈妈已经做好了准备，孩子，你有这个信心吗？

2013年1月

对话"考试"(下)

静下心,你能行

昨晚你做语文,听到你在那儿不耐烦地喊叫,我知道你又遇到了难题,在上学期你做阅读时也经常会有这种情况发生。

等到你去洗脚,我看了下你刚才为之烦恼的题目,让我也是无从下手。这种赏析题见仁见智,可是真的说起来还的确不是那么容易。

但是看你前面的理解,还真的挺佩服你。"一树寒梅白玉条",你的理解细致而妥当,让我来讲,还不知道应该怎么说呢。由此可见,你的阅读功底已经初步见长了。上学期,我们静下心读了一些小文章,碰到不好理解的,一起来分析,经常是我只是说了一点,你就能把后面的都顺出来。而且我说的也仅仅是一些方法而已,而你已经能够把文中的意思清晰地表达出来。当时真有"孺子可教"的感觉。

用心去读，这是我们上学期一起做的，你做到了，所以你也感受到了。每位作者都有他的敏锐与细致，每篇文章都是作者感情与心情的体现。那篇《最后一课》尽管语言平实，但是我读着仍然有热泪盈眶之感，因为我体会到了文中蕴含的感情。这种感情不是随便用华丽的语言或各种文学辞藻就能堆砌出来的。好的作者把这两者能自如地统一在一起，让你看不到矫揉造作的辞藻，却能感受到行云流水般的畅快。而这种意境，只有用心才能体会得更深。

阅读就是这样，可是赏析就不一样了，你能体会到文中的意境，但是要说出来并非那么容易，所以赏析需要下更大功夫。先把文中的意思说出来，然后体会文中的感情色彩与深意，最后用"赏析语言"将其表达出来。我之所以说"赏析语言"，是因为这是有一些技巧的。在考试中，要用最简短的语言表达，因此必须掌握技巧。这种技巧我想对于你并不难，因为最难的是理解文章中的含意，这点你做到了，现在需要的就是多练习，多掌握这种技巧即可。

昨晚我说，看了群聊，我对你更有信心了。你虽然跟别人在同一个起跑线，可是他们很多人都已经筋疲力尽了，而你潜力的暴发才刚刚开始。他们在小升初之前就上了各种辅导班，现在所表现出来的是他们提前学习发挥出来的成绩。而现在他们又开始进行各种补习，你担心地说了一句"这样下去，我是不是会赶不上他们？"说真的，这句话，让我很感动。我儿子现在不再对自己的进退无所谓了，你有了拼搏精神，你有了竞争意识，你有了不服输的劲头。这就是潜力的基础，没有这个基础，无论妈妈多么鼓励你，无论你处在什么样的好环境，我们都无法与别人抗衡。学习就是一个不断赶超别人、赶超自己的过程。如果你不想做，别人的强迫是起不到任何作用的。你现在在赶超别人，同时也在赶超自己。有的同学比你超前学了那么多，但是经常在考试中会落在你后面，是什么原因？这个你自己想一下，然后我们来讨论。

我想说的是，你的才能已经初露头角，你的认真与刻苦也给你的才能锦上添花，再加上科学的方法（认真听课、深入掌握知识点、及时复习、大量练习），我不敢说一年以后的事情，至少这学期你肯定会赶超很多人。不要担心那些上辅导班的学生，他们疲于奔命上课的时候，你快乐地学习与玩乐，这就是磨刀不误砍柴工。

2013年3月

别让优势变成劣势

昨晚你早早地做完作业，信心满满地做数学题了，我也不清楚是因为题难还是什么原因，总之你的状态一下子不好了，然后一个晚上基本就折腾完了。

今天中午跟白阿姨见面，说起辰辰的情况，她说辰辰在刚入初中时状态很不好，第一次月考语文只考了60多分，而且因为作业布置得特别多，压力很大，很不适应。但咬牙挺过去后，他现在基本保持在门门90分以上（满分100）的水平，也适应了大量的作业，反而乐此不疲地去参加各种社团。分析原因，一是学校大量的作业打下了他们坚实的基础；二是与老师较好的沟通建立起了良好的互动关系，那天我跟你说的主动去跟老师要求不写作业就是一例；第三是适当的拓展让他们的能力有了较大的长进。数学培优题，他们要求全部做，刚开始，辰辰的正确率很低，但现在基本能达到80%以上。

来看看他们的基础训练吧。我曾经给你看过一张语文预习要求，他们要求每课必须这样做。另外，每天要写名著赏析，英语里的A3部分要全部默写还有大量的阅读。通过这样的训练，他们的基本功自然提高了不少。

现在来看看你的情况。语文，失分点：拼音、字、阅读。上学期我们强化了一下阅读，你是不是已经感觉到了进步？关于拼音与字词，白阿姨给介绍了经验，一定要进行预习，预习就是解决自己在基础方面存在的问题。通过预习，能牢牢记住课文中的这些部分。你想想，我们失分的不就全是课文中的字词吗？英语，单词拼写、阅读及语法，这中间应该怎么提高？我想单词除了熟练背写，大量阅读及语法的练习，没有什么别的捷径。数学，真正不会做的难题能占到多少分？你也很清楚，对概念的熟悉掌握与知识点的融会贯通还是关键。我想解决办法除了认真完成现在的分层作业，我们也开始攻克培优题，做一些适当难的题，回过来看其他的题，就会有豁然开朗的感觉，因为难题把人的思维给调动起来了。

为什么我一直坚持没让你再补课。上面这样一分析，你自己也知道，这些问题不是通过补课能解决的，自己的问题自己清楚，对症下药才是根本。你的问题，主要在于基础的不扎实与缺乏适当的拓展，这些问题我们都能自己在家里解决。

话说回来，你知道为什么很多家长让孩子去补课吗？因为他们说，孩子在家不复习，那就只有送到补习班让老师管着他。我想，他们也是无奈之举吧。可是如果真的这样做了，能解决自己的问题吗？

你早早做完作业这点优势无人可比。到目前为止，我没有看到比你在这方面做得更好的人了。但是，我们是不是就可以因此止步呢？我想不但我不想，你也不愿意吧。当别的同学上辅导班时，你已经把作业做完了；当他们还在熬夜写作业，背英语、练字时，你已经早早进入梦乡了。我们有时间，完全可以再进行拓展，完全可以做些自己喜欢的事，比如看《哈佛家训》，弹琴，你可以做得更好的，就看你愿意不愿意了。

至于考试，我再提醒你一下，要用正常的心态对待。只要你把平时的事做好，只要你认真对待每一次作业，只要你在考试中不慌张、不失误，至于成绩，就让它随风飘过好了。

2013年4月

你需要加把劲了

这学期以来你的作业明显增加，作业时间不断延长，基本没有时间再进行拾遗补阙了。期中考试前夕，你说要自己复习，我心里还暗自得意，我儿子真的越来越自觉了。可是成绩出来却真的让人大跌眼镜。当然要承认英语确实进步了。可是语文与数学却滑坡得太过厉害了。特别是数学，你这一次连自己都有些吃惊了，怎么这样的题居然也错了？

我知道你现在也很苦恼，分析了那么多问题，似乎总有解决不完的难题，总有改不完的恶习。

利用时间，高效作业，已经开始两周了，记得当初你说要在两周有明显的提高，今天刚好是两周的最后一天。第一周，你发现了计划的缺陷。第二周，制订了每科作业记录时间的方法。现在看看，这个方法还真的有效，第一是发现了每天利用时间的实际情况；第二是看到了利用时间中的问题，比如中间停顿的时间有时会有些长；第三发现了每科作业应该按照不同时间来分配，比如数学与物理放在后面效率会低，但放在前面做，到了做语文与英语时效率也不高了。所以你提出让我在九点半以后陪你完成作业。可是我还发现了另一个问题，就是专注度问题。你似乎总是习惯要一心二用，比如在做作业的时候，突然想起要找另一个东西，或者拿一下手边的玩具，或者跟我说两句话。孩子，我们现在正在练习提高做作业的效率与做作业时的专注度，所以是不是可以这样做，今后尽量控制自己在作业时坚决不干其他事情。那天你把漫画书让我拿走，我看到了你的决心，可还是有那么多干扰你的因素，我们一个一个来排除。首先，你需要清理一下桌面，把那些非学习用具放到别处去；然后，做到不要跟我说话，突然想的事情先忍住不去做，或者写一行字，提醒自己别忘记就可以了。

改变行为是一个很困难的事情，但是科学研究表明，21天以上的重复会形成习惯，90天的重复会形成稳定的习惯。初一第一学期，我没有跟你说，但就是用这样的思路来支持我帮助你改变你的行为，如今看看，真的很有成效。所以我们还是用这样的方法来吧，我与你一起来改变拖沓的习惯，提高做作业的效率。一个月后，我们再来看一下，是不是真的可以在十点半以前完成作业呢。

2013年11月

写在期末考试前

儿子，最近好像脾气大长，对我的态度也越来越恶劣，跟我说话的时候经常不耐烦。昨晚我一夜失眠，大脑异常活跃，于是想到了你的情况。平时你这种极端情况表现出来时，我也会心火腾地蹿起来，于是对你也恶言恶语起来。昨晚想，其实这一学期你的学业更加繁重了，也许这加重了你的烦躁情绪，最近你也没有更多的放松与娱乐，这样的状态下可能对于你也是有点难以适应，还有我以工作忙为借口没有跟你做更多的思想交流。其实想想，所有的没有做都是一个借口，这件事情不重要，或者是没有重要到需要给它来付出时间与精力。

亲爱的儿子，今年是你中学三年生涯中承上启下的关键一年，"初一不分上下，初二两极分化，初三天上地下"，你已经看到了，身边的同学们都已经开始发力，这也就是为什么每次考试会有那么多黑马杀出。昨晚我睡不着的时候去群里看群聊纪录，那个C1班的每次考试在班里名列前茅的男生今年已经上辅导班了。昨天他说要上语文跟英语两个辅导班，说要查漏补缺。记得去年你说总有一天你跟那些天赋又好又疯狂上辅导班的人遭遇，你该怎么办？孩子呀，如果当这些人已经加速的时候我们还在原地小跑，估计这种遭遇的概率会越来越小的。

我不是危言耸听，我也不想给你加太大压力。说这么多，是希望你能正视自己的问题，那种语文错基础、英语单词写错、数学做不完、物理出现白痴问题的现象太危险，只需一个，就足以让你名次后降，出现两个以上，后果就不用多说了。

回看一下最近你的家校本，总在出现效率低的字眼。同一个问题，说一次人家会原谅你，说两次，会认为有客观原因，说三次，别人什么话都不想再问了。

还有三天就要考试了，你准备好了吗？

2014年1月

再说认真

昨天下午，你跟我说英语考试又不理想。有14分都是不该错的，如果加上这14分，你就是第一了。今天一早，你爸爸说接到杨老师的短信，说你现在的英语"粗心、马大哈、记忆不准确"。跟你提及这事，你说要睡觉。我知道你很烦，自从期中考试后，你力图把每一次考试都作为一个测试机会，可总是一而再再而三地失误，这让你很苦恼，你对即将到来的期末考试是前所未有的担忧。

　　儿子，我很理解你现在的心情，也看到了你在积极努力，你同意跟着李老师学习，并认真地完成他布置的作业；你也在认真对待每次考试。可事与愿违，似乎这种困境并不随你的良好表现而立刻有转机。最近几次的考试，依然每次都会出现一些"脑子抽抽了"的问题。我觉得这些问题跟你数学中存在的问题是不一样的。单词的问题，都是一些需要记忆的问题；还有那些看错的题，这些都是只有你自己才能解决的问题。只要你学会认真对待，相信一定能找到解决办法。

2014年6月

第三章

做最好的自己

从普通到优秀

奇奇出生在中国处在巨大变化的一个时代,他出生的时候,中国的独生子女政策已经推行了二十多年,儿童教育被提升到了前所未有的高度。优生优育、早教、不能输在起跑线上已经成为这一代父母必做的功课与准备。与其他那些勤奋的妈妈们相比,我显得比较懒惰,但是该补的钙,该有的孕期营养,倒也一样没落下。孕期听古典音乐、玩游戏,在奇奇后来的爱好中似乎也都有对应。

家里有小孩,每天必做的功课是在楼下遛弯,由此结识了院子里一批同年龄的小孩与带小孩的奶奶及妈妈们。

一天,院里一个比奇奇大八天的姐姐的妈妈自豪地告诉我,她女儿已经会背二十多首古诗了。我听了哑口无言,这时奇奇仅会说两个字,比如妈妈再见,简略成"妈见",这个水平自然无法跟人家匹敌。但是在我眼里,儿子充满了无限的可能。奇奇对音乐表现得很敏感，一岁多时，正在热映《康熙王朝》，晚上我们在客厅看电视时，小人待在小房间里鼓捣玩具，每当片尾音乐响起，就一骨碌翻身起来，一边往客厅走，一边双手打拍子。五岁去重庆，在解放碑听到音乐，一个人在街头玩起了独舞，引得旁边人驻足观望。

奇奇对身边的人充满了好奇与热情，刚学会说话，抱着小人下楼时，会跟每一个碰到的人打招呼；坐在公交车上，每上一个人，奇奇都会说"上来一个阿姨""上来一个叔叔"，搞得大家还都得跟他打个招呼。

临近上幼儿园了，我火速给奇奇教会了上厕所，之后奇奇在幼儿园学会了穿衣服。整个幼儿园期间，奇奇没有表现出让我们担心的智力问题，但也没有表现出在哪一方面有天赋或是异乎常人的能力，奇奇只是喜欢玩。幼儿园放学后要在滑梯那儿玩到关门；在院子里只要看到有两个小朋友扎堆的地方，奇奇就会要求去玩一会儿；因为要留出更多的时间来玩，奇奇拒绝正在上的画画兴趣班、武术兴趣班。

幼儿园毕业仪式上，很多小朋友都在哭，奇奇在笑，说："我就要成小学生了，高兴。"第一次去看小学，奇奇说："嗯，看起来很正规，就是楼房有点破旧。"和上幼儿园一样，奇奇顺利地度过了幼小衔接阶段，成为一名小学生，依然是一副无忧无虑的样子。在奇奇初中的作文中，这一段是这样描写的：小学时光，童真趣味，每天早早地回家，在放学路上与朋友嬉戏玩耍；周末的时光里没有作业与学习的压力；课间的时光也是充实饱满，伙伴们聚在一起是那么的热闹欢乐。在那时，当劳动委员也是一件轻松快乐的事情啊！如今，小学的岁月，已被时光冲洗得干干净净，但那段记忆，我却永不能忘记。忘不了日日夜夜的小学生活，忘不了班主任姜老师，忘不了我那认识得最晚却友谊最深的朋友，忘不了我的"大哥""二哥"，忘不了……

这样的日子一直延续到小升初，然后当头棒喝，初中奇奇只进了普通班。老妈也如梦初醒，不能再对奇奇的教育坐视不理了。

初一第一学期，我即开始了陪读生活。每天早上送，下午接。回家路上的半个小时，是母子俩聊天交流的最好时间。晚上回家吃过饭，奇奇做作业，我在旁边看书，然后检查作业，写家校联系本。

奇奇成绩不尽如人意主要还是在小学里没有养成良好的学习习惯，粗心，把2看成5，把加号写成减号等等。

我坚信自己的孩子经过努力一定可以改变现状。

首先得解决孩子心理上认为自己只能是一个普通生的问题。

利用每天放学回家路上的半个小时，我从身边的各种人物入手，讲正面的、反面的故事。他们有的基础并不好，但是一路拼搏，终成正果；有的少年聪颖，但是没有好好珍惜才华，导致一路平庸走下去。

奇奇开始对这些没有反应，但是每天半小时的交流并不限于此。我们谈新学校，新班级，新同学。奇奇所在的学校是一所优秀的学校，校风正，老师敬业，从学校大门进去，道路两旁都是历届中考状元的照片，在这样的环境里学习，心内自然充溢着满满的豪迈激情。

然而新生活也有很多不圆满，由于是普通班，班里有很多家境优越但是行为出格的同学。有的喜欢打扮，喜欢与高年级一些不良少年来往；有的喜欢没事找事，比如上自习课唱歌，拉前排同学的衣服玩等。

奇奇很不解，问我："妈妈，你不是说我们学校很难进吗，这些孩子是怎么考进来的？"我告诉他初中还属于义务教育阶段，所以不能阻止这些附近学区的孩子来这里上学。

"但是，"我说，"这些孩子也许只会跟你在初中这三年有交集，你的人生路与他们是不一样的。现在与他们同在一班，你将提前面对你人生中的诱惑，比如他们讲吃讲穿讲享受，他们不屑于勤奋与努力，这些都是你必须面对的诱惑。"

事实证明，在普通班的三年，奇奇磨炼出了与这些孩子打交道的一套方法。尤其是担任劳动委员，每天要管理值日生值日，碰到这些孩子，那真的是什么套路都有。有的值日生只要待老师一讲完话，人就闪走，奇奇追到大门口把人给带回来；有的值日生光聊天不干活。奇奇这个劳动委员真是不容易，初中三年，每天晚走半小时，这种乐于奉献的精神一直延续到高中及以后。

其实我当时心里有点担心，十三四岁，正是青春期，单位几个同事已早早告诉过我这个年龄段孩子的特征，你说什么他们都会反对。所以我得赶在他进入逆反期前把该说的话都告诉他。

半个小时有些不够了，我开始写，把想说的话写出来。有时，娘俩为一件事争起来，没有结果，双方都不说了，好吧，我写出来。这种效果还真不错，第一次，奇奇说我给他写了篇"作文"，后来奇奇渐渐适应了这种对话方式，有一段时间，我觉得彼此平安无事无需额外沟通，奇奇还问我怎么不给他写东西了？

交流是第一步，到晚上回家做作业陪读时，问题来了。

每两天有一篇小练笔，写一些小文章，积累素材，锻炼文笔。我一看，这都写的什么呀！《初秋的早晨》，哪里能看得出有主题特征？不行，重写，我直接撕了。然后讲，初秋是什么特点？天气凉了，但不至于冷，那么肯定是有露珠的，太阳会是什么样的呢？听了我的讲解，奇奇不再说话，默默地去写了。《家乡的冬天》，我说咱们家乡在陕北，那里的冬天温度会比西安低十多度,在西安只有薄薄一层雪的时候,老家已然是千里冰封,那种感觉与西安是全然不同的。奇奇听了,眼神发亮,开始跟我讨论一些细节。

初一第一次期中考试,奇奇考了班里第十四名,喜滋滋地告诉我,这是他考的最好成绩。我心里一阵发揪,这个成绩在全年级排近800名,如果要上重点高中,就必须要到前200名,算下来,这三年要怎样做才能跑到前200名呢?

计算的准确率很低,刚开始总认为这是粗心,家长会上老师一语中的,这叫没有"细心能力"。为了培养这个细心能力,只能一点一点来了。初一的数学并不难,那么就要求把会做的都做对,尤其是考试时候的一卷,通常都是计算与选择题,要求做到全对;英语的一卷也是如此。对于二卷的难题,刚开始完全不做要求,有时间就做,没时间就不做。

学习习惯是一个基础,也是很重要的方面。奇奇从小就喜欢在课堂上说话,八岁那年,因为汶川地震,小学生迁移到大学阶梯教室上课,奇奇直接被老师遣送到一个周围都没有同学的角落去上课;到了初中,上课依然忍不住要跟别人说话,被老师不断点名;在家里做作业中间总要忍不住去干点别的事,导致效率低下;做完作业不再检查与复习。纠正这些习惯需要一天一天来,感谢学校的良好教育,每天需要写家校本,内容是到家时间、看书时间、睡觉时间以及各科作业完成情况,最后是"我有话要说",要求孩子与家长都写点东西,老师第二天进行批阅、留言,随时与家长沟通情况。

功夫不负有心人。仅一学期的努力,奇奇在期末考试时一下子跃居班级第二,年级220名,一步实现了初中三年的目标。

这个结果的重要性在于奇奇从那一刻起,开始意识到自己也可以做得很好。尽管在后来的日子里,依然一波三折。初二伊始,陷入做作业效率极其低下的时期,在家校本里详细地记录了这一阶段娘俩的争吵,最后往往是老师出来平衡:"没关系,慢慢会好起来的。"

即使如此,奇奇对于做一个优秀生的心理依然是怯懦的。由于成绩不错,被选到年级培优班,跟全年级排名在前的同学一起补课。培优课上讲的数学是竞赛班用的教材,课后从没见他做过一次作业,问及怎么回事,说老师没给布置,但是在重点班,这些题是需要他们一道一道"刷"的。考试时数学满分120分,奇奇开始只做100分的题,问为什么不做那20分的附加题呢?他振振有词地说:"我们是普通班的,老师说做好100分的题就可以了,那20分是给重点班的同学做的。"全年级2400人,他已经排200多名了,远超出重点班很多同学,但每次考完试,他都不去看排名在前后的都是哪些同学。一直到初二下学期,才开始关心起年级排名,以及那些与自己在培优班的同学的排名情况。

初三伊始，正逢我的工作进入前所未有的忙碌阶段，常常是接上奇奇就去加班，跟着我一起吃工作餐，然后我在这边开会，他在那边写作业。这时，我已经没有余力再操心他的学习。可是这一时期，奇奇已然进入了良性状态。没有了妈妈每天的唠叨，反而变得自觉自律，虽然还是无法戒掉爱玩的游戏，但这些已经不能挡住他快速前进的步伐了。

中考在平静中度过，顺利地升入校本部高中部。

中考完后，我常常在想，这梦幻般的三年，将我儿子从一个懵懂无知、按部就班的孩子转变为一个有见地、不盲从的少年，在学业上，从一个中等生一路摇摆进入优秀生行列，特别是在初三几乎放任的状态下，一路高歌顺利升入五大名校之一的高中部，真的是一部极好的励志片啊。

初二时，奇奇有一次问我："妈妈，即使我很努力，依然考不上本部怎么办？"我说："没关系，只要你认清目标，愿意努力，你们老师看的是三年，我看你一辈子，初中三年之后有高中三年，之后有大学，你的人生才刚开始，永远不会晚。"

又有一次，奇奇问我："如果我很努力，可是有一天，我会跟那些天资聪颖又努力的人遭遇，怎么办？"我说："你永远不用跟别人比，你只要做到最好的自己就行。"

上了高中，我不再担心奇奇不求上进了，然而如何在高中繁重的学业下一路领先依然是摆在每一位学子与家长面前的难题。也许是因为从小没有学霸的经历，奇奇对"领先"一词十分理智，除却认真的学习，他把大量的时间花在了阅读与丰富生活方面。即使是在繁忙的高三，他也沉浸在阅读与欣赏窗外楼下花开花落的美景中，也许在这个看似与学习提升并不相关的过程中，他对生活有了更深的热爱，这种热爱让他有更透彻与平稳的心态面对学习。

高二开始，他的成绩飘忽停留在班级中后，每次我与他谈及此事，他都会冷静地跟我说，高一成绩好是因为有文科加持，进入理科班后，他的文科优势没有了，成绩自然下来了。那么既然成绩上不去，咱们要不要上辅导班强化一下？他坚决否定，说自己很清楚每科的问题在哪里，只要给时间自己完全可以解决。

一直到高考前一个月，学校已经开始不安排统一上课了，留出时间让自己拾遗补阙，我问他老师们在家长群里发了很多复习资料，是不是要给他打印出来。他依然不要，说自己的问题还没有解决完，需要专心致志解决。

高考前，我问他有没有压力，他说："那些给自己定了太高目标的人才有压力，我又没有那样的目标。"

考后，我再问他，你真没有给自己定目标吗？他的回答是："这是不能设定的，如果你设定了分数与目标，都只能是压力，我的目标就是尽自己所能考到最好。"

回头来看，我的儿子自初中开始，从一个中等生的水平出发，调整了心态，解决了学习中的问题，在中考时考到了初中最好的成绩。上了高中，进入强手林立的班级，再次归零，以更大的热情投入到丰富多彩的生活，在分秒必争的高三依然不忘记寻找美好而值得享受的事物，高考成为高中考得最好的一次"模考"。

大学入学一个月就面临专业选择，他选择了学院里竞争最激烈的计算机科学专业。我心内很犯嘀咕，一是高考成绩60%他不占绝对优势，面试成绩40%与那些在中学就已经有信息竞赛底子的同学相比他实力太弱；二是如果没选上，按照规则，别的热门专业也会失去选择机会。结果，他在第一轮就顺利通过。

问及详情，他说，一是到图书馆去查了近几年图灵奖获得者以及学校在本专业方面的知名教授的论文；二是对自己中学曾经参与过的一个科研项目做了详细了解；三是在面试时是本组六名同学中唯一用英文做自我介绍的；四是在回答问题时，不是简单回复老师的问题，而是根据前面同学所做的回答进行了相应的评价。

听完这番话，我对儿子说："以后妈妈不再担心你了，因为你已经掌握了做事的方法论。"

2017年12月

爱己与爱人

我们是个大家庭

奇奇是独生子，我们又生活在远离家乡的城市里。奇奇从小认识的亲戚十分有限，很长一段时间里，分不清姑与姨的区别。甚至对于爷爷奶奶与姥姥姥爷也认知模糊，只把出生后一直带他到三岁的高奶奶当自己的奶奶看。幼儿园时有一天回家问我："妈妈，为什么别人都有舅舅？"我笑了："你有两个舅舅呢。"由于爸爸妈妈家都是大家庭，为了让孩子搞清楚亲属关系，我经常跟奇奇做一个游戏："妈妈的爸爸叫什么？爸爸的爸爸叫什么？"那会儿特别能感受到英语中这几个词的好处，一个"grandpa"就把上面两个问题都回答了。

奇奇从小不喜欢跟着我们出去逛街、逛商场、吃饭，觉得那跟自己没关系。后来我就定了一条规矩，每逢大家族聚会活动必须参加。参加家族聚会活动，让他有机会与哥哥姐姐们一起玩。爸爸妈妈在家族里都是老小，所以奇奇享受了一个小人很早就当长辈的待遇，他经常自豪地跟同学们说，他四岁就当叔叔啦。

爸爸家有一个非常好的传统，年三十晚上，晚辈要郑重其事给长辈拜年，长辈依次给发压岁钱。

小小孩并不知道如何说吉祥话拜年，但是作为家族里最小的一个孩子，有机会看到哥哥姐姐们对不同的人说不同的话，而不是重复一句"新年快乐"。甚至已经参加工作的哥哥强烈要求不要压岁钱但是要履行拜年仪式。初时奇奇还是只能以"新年快乐，身体健康"作为通用的祝福话，大概是初中开始吧，每次拜年都煞费心思地整理祝福话，注意观察每位长辈的特点，比如大妈是搞研究的，二姑夫是办企业的；印象最深的是十四岁青春逆反最厉害的那一年，给我们的拜年词是："祝爸爸妈妈新的一年不生气、不发火、不操心、不管我。"

奇奇十岁时，姥爷去世。奇奇目睹妈妈在这个过程中的痛苦经历，第一次感受到年长的亲人将会慢慢离开我们。奇奇开始珍视家族聚会，尤其享受过年时回到老家与大家庭一起温馨过年的时节。

十二岁时，我们要求在家族聚会或者有纪念活动时，按照老家的规矩给长辈们敬酒。后来到高考后家族聚会，奇奇痛快地挨桌去给大家敬酒了。

初三寒假我们决定过年去上海,他开始很想不通:"过年不就是回家团圆吗?为什么要到外地去?"

高三寒假前,奇奇问我们何时回老家?我们说这个假期很短,可能没法回了,他提出一定要回去。我说如果只放三天呢?他说那就请假,并说随着哥哥姐姐们长大,这样的机会越来越少了。在放假前一天的家长会上,老师明确提出放假期间不要带孩子走亲访友。我们思忖再三,与奇奇商量,我们要在放假期间先驱车六百公里回到爸爸家,中间再抽时间去百公里之外的妈妈家,需要调整一下日程计划。他坚定无比,提出不允许更改走亲访友的任何环节。最后我们只好向老师说明情况,支持孩子的孝心行为,同时与奇奇约定一定按照老师的要求完成所有的作业。

我们都不完美

很早前看到过一个心理测验,其中一个问题是让重新选择父母。高中时我拿这个问题去问奇奇,结果他很痛快地回答:"你们做得都不错,如果爸爸脾气不那么倔的话就更好了。"

每个希望认真做父母的家长都在努力学习如何让自己做得更好,然而现实情况是天底下并没有完美的父母。

曾经一度让我最头疼的是无法在孩子面前树立和睦相处的

父母形象，私下里沟通很多次，无果，于是家里大小战火连绵不绝。小时候的奇奇一副向着妈妈的样子，跑来推爸爸。妈妈担心这会给年幼的孩子留下心理阴影，向他解释："爸爸妈妈是在讨论问题，声音有些大了。""不，你们是争论，不是讨论。"我哑然了。

渐渐的，奇奇开始不再发表任何意见了，只是一副希望你俩别吵了的表情。甚至在爸爸妈妈吵架时，奇奇从门缝里塞进来一个小纸片，上面画着两个人在吵架，一个小人在门缝里看，然后写着："吵什么吵？能吵出什么来？"怎么面对这个难题？我逐渐意识到，这个现状也许就是奇奇必须面对的真实，我开始不再躲闪。

首先让孩子知道爸爸妈妈都是爱他的。我给他讲五年级时爸爸为了陪他训练航模，每天早上不到五点起床；早上当他的陪练，晚上为他修理摔坏的飞机；一个多月时间，爸爸瘦了十多斤，他听了十分吃惊。小学作文里妈妈的正面形象到初中全部换成了爸爸，当然后来他解释其实主要原因是他不想与其他同学一样千篇一律地以母爱为主题。在他的笔下，妈妈是一个对他学习、生活严格要求的角色，是一个教导员的形象，比如督促他按时完成作业，帮他改写作文，陪他读书、练跆拳道、学钢琴、漫画等等；而爸爸则是一个沉默的守护者，是一个在关键时刻能够给予重大支持的形象，尤其是面对各种科学难题与锻炼勇气等方面，爸爸就是大神级的人物。

其次要理解爸爸妈妈在理念与行为方面的差异。有天听了一次家长教育培训，我们决定实际执行一下。晚饭时，大家商量，结果遭到了儿子的抵制："你俩理念不同，根本就说不到一起去。比如在我的学习问题上，我是一只小船，你刮东风，爸爸刮西风。"

"那你自己的风向呢。"

"反正我跟你们不一样，所以总是逆着风。"

渐渐的，奇奇接受了爸妈理念不同的现实，反而开始给我开解："我爸生气的时候，你就不要再说了。"还给我讲了一次他运用心理学测试老爸的案例："我爸就是喜欢压制别人说话，有一次他说我时我试着张嘴，结果他声音立刻高起来，逼近我不让我说话。"

第三要认识家人就是需要包容与爱的，家是不可分割的，任何一个人都不能被开除、抛弃或者放弃。有了这个前提，小磕小碰自然也起不了什么风浪了。

大一时，奇奇在与我的书信中谈我们家的教育是出色的：

"我从来不认为自己缺少关爱，对于这一点我觉得咱们家做得颇为正确——胜过多数中国家庭。学过一些心理学知识，我大致了解那种缺乏家庭关注的孩子是什么样的,那种不安全感或不信任感在我身上并没有太多体现,我之所以敢于独立面对一些生活挫折,同时又不会怨天尤人,我相信这正是家庭教育的结果。心理学上说:家庭应该给予孩子以'无条件的关照'(即并不取决于孩子怎么做,是始终存在的关照),咱们家做到了。再者,许多中国家庭常常出现的问题是:以'爱'为理由剥夺孩子的某些权利,最熟知的一句话就是'这都是为了你好'。而实际上在我的经历中,我们家里并没有出现这样的情况。

以上内容都是作为一个被教育者发表的感受,意在说明咱们家的教育还是非常出色的。"

爱己与爱人

奇奇十八岁前夕我与他聊天,问他这些年有什么遗憾。他先承认:"我是一个很乐观的人,一直都是向前看的,很少去回顾过去的不足。"后来在我的一再追问下才想了想说,有三件事让他觉得有遗憾,第一件事:在小学毕业的最后一天,那一天所有的同学都在忙着写同学录,却没有注意到讲台上静静坐着的老师,回想起来老师当时该是多么不舍地看着大家呀。第二件事:因为有了小学毕业的遗憾,初中毕业一心要补上当时的遗憾,结果中考后出成绩前几天因为参加夏令营又失去了与同学们相聚的最后一次机会。第三件事：在英语辅导班上，有一位奇奇非常喜欢的外教，带完他们这一批就离开了培训班去其他地方工作了，奇奇很不舍地跟他要了电子邮箱，后来不慎将地址弄丢了。

听到孩子说出这三个遗憾，我被感动了。他说的这三件事看似微小，却如此相关。在他心里装的不只有自己，更多的是自己与别人之间的联动。想起在初中时我曾问过他有没有想去国外读书的想法，他说要到大学之后。因为他们这一批人是独生子，没有兄弟姐妹，高中与大学的同学是这一生最重要的伙伴与朋友，"你总不能让我满世界去找同学吧？"

奇奇并不是那种特别会来事与善于交际的孩子，一度我比较担心他的社交。每当我提及此事时，他总是以无须担忧的口气回复我。大一我专门在信里与他探讨爱己与爱人的主题，他写道：

> 实际上，爱己——或者说自爱，是一种十分主动的活动，是发自内心地想和自己做朋友，主动地对自己提出要求，主动地和自己和解，只有内心十分独立自主的人才能真正做到自爱。爱人，实际上也是爱己。人天生具有社会性本能——一种要求与他人发生联系的需求。一个没有朋友的孤僻的人，往往自己的内心也常常饱受创伤，这样的结果根本不能说是爱己。

许多狭隘的"利己主义"把"自己"这一概念限制到了一个小小的自我身上,他们没有意识到"他人"对于"自己"的重要性。人是不能离开他人而存在的,断绝与他人联系的人,往往自己也不完整。

我们只有通过我们的朋友亲人才能认识到自己的面貌,我们只有在和亲人朋友的交互中才能继续完善自己。我有时会给我的朋友说我是一个彻彻底底的"利己者",因为我知道实际上真正的利己并不是只考虑自己的切身利益,那些忽视别人想法和意见的人,自己的利益最终也会受损(这种利益,既有物质上的,也有精神上的)。

初中之后我就对自己的人际关系非常自信了,我并不担心自己会落得一个顾影自怜的境地,因为无论在哪里都能找到很好的朋友与伙伴,你总是担心我忽视他人感受,我很遗憾总是没法找到证据来告诉你我的朋友对我的评价是非常高的。不久前我在劝导我一个朋友的时候他说"你和他们不一样,你会站在我的角度去想",这大概是我和朋友相处状况的一个例子。

当然我也知道为什么你总会这么想,我在家里的表现自然而然地会让你联想到我在外是否是同样的表现。对于家里的情况我会反思,而你也无须担心我的交际问题。

2019年5月

对话"最好"(上)

给懂事后的儿子

最近,不知你自己有没有感觉,你更加懂事了。每天早上下车前,自己把喝过的酸奶盒子拿走扔掉,下午放学回来去买东西时,总是叮嘱我给你把衣服和书包都带上,还提醒一句,包很沉。妈妈在答应的时候心内很欣慰,我儿子现在知道体谅别人的辛苦了。

说到体谅,是对别人的一种尊重与爱,也是对自己的一种尊重。在学校,老师声音嘶哑了,你给递上一杯水,是对老师身体的关心与尊重,让老师心内感动;你把作业认真完成,没有涂抹,是对老师工作的尊重与体谅,让老师看见你的作业赏心悦目;课间你帮助老师收拾教具,调解闹事的同学,也是在帮助老师。在家里,阿姨做好饭,叫我们吃饭,你第一时间坐到饭桌前,快速吃完饭,不把饭菜掉在桌上或地上,然后说,"今天的饭真好吃",是对阿姨辛勤做饭的尊重;饭后,帮阿姨把碗筷收拾到厨房,也是在帮助阿姨。洗澡后,把澡盆清理干净,把毛巾和浴巾都挂好,不需要妈妈事后帮你收拾,也是对妈妈的尊重;出门时,你帮爸爸妈妈带东西,提醒我们要做的事,这些是你对爸爸妈妈的关心与体谅。

当然,还有一种体谅,爸爸妈妈冲你发脾气、骂你,会让你很委屈,如果你知道这时候可能是我们碰到了不顺心的事,或者今天工作很忙很累,心情不好,你体谅了我们,不跟我们"一般见识",会让我们很感动。当然我们也会明白对你的无理,会向你道歉。亲人之间的体谅,也是一种包容,包容对方的不对,对方的无理。推而广之,对一切你爱的人,你尊重的人,包容他们的缺点,包容他们的无理,就是对他们的爱与尊重。

2012年10月

做最好的自己

昨天回家的路上,你跟我说起对考试的看法,你说不太同意同桌的做法,要考到第几名,你的目标是尽自己全力,妈妈深为赞同。其实你的观点,正是李开复先生所说的:"做最好的自己。"

这一段时间，你每天遵守自己制订的计划，勤勉地学习，认真地写每天的"我有话要说"，主动提出要查漏补缺，对音标学习找出自己的方法，对于原来不喜欢的课外阅读题也能尽力去做——这一切，就是在"做最好的自己"。

对于大多数人来说，学生的任务就是要比拼考个第几名，所以会出现李同学那样考不好就哭鼻子的现象。包括妈妈小时候碰到考不好的时候第一个念头就是没法给你姥姥姥爷交代，而且只要他们一批评，自己就有无数个理由来开解因为自己的不尽心而造成的成绩不好。长大了，渐渐知道，其实这些都是外力，考个好成绩，最高兴的其实是自己，因为那是自己实力的体现，那是自己勤奋努力的结果；而考不好，最难过的也莫过于自己，只是因为在学生时代，来自父母、老师和同学等外界的压力过大，反而影响了我们对自己学习成绩的正确对待。

所以，当你说出这些话来，妈妈真的很欣慰。晚上还跟爸爸说起，我们的儿子越来越成熟了。很多人活了一辈子，都在为别人活，学习不好，觉得对不起父母、老师；工作不好，对不起上司；挣的钱不多，对不起家庭。其实仔细想想，做这一切，究竟是为了什么，为了父母吗？他们不会陪伴你一辈子，你总要自己生活的；为了家庭吗？每个人都有自己独立的生活，即使你为他们奉献一生，他们的喜怒哀乐，也不会与你百分百的相同。人的一生，只有自己感受到生活的快乐，才能倾尽全力，过自己的生活，为自己的理想而努力，为自己的爱好而付出，为自己的所爱而奉献。

2012年11月

你是否已经习惯这样讲话

前几天，二姨家发生了一点事，因为一些小事，二姨与二姨夫发生了争执，姥姥生气得第二天就离开二姨家住到了大姨家。因为她看不惯二姨一家对骂的架势，双方都用恶毒的语言来攻击对方。自然，这对于二姨一家来说已经习以为常，过后他们照样还是亲亲热热的一家人。

于是我想到了咱们家，在咱们家，似乎也有这样一种现象，某人生气时就可以不管不顾口无遮拦地将所有解气的话一股脑儿打发出去，全然不管接受方或者第三方听众的感受。

记得你以前对爸爸妈妈说话的方式特别敏感，总认为我们在争吵，有一天我向你解释说，爸爸妈妈是争论不是争吵。你说不是的，争吵跟争论是不一样的。我无语，你的眼睛没有欺骗你，你的用词表达是准确的。

可是不知不觉之中，你似乎也已经习惯了这样的说话方式。特别是跟我说话的时候，要么语气强硬蛮横，要么用词冷酷,甚至将一些骂人的话也用到了我身上。

我不知道是不是我们以前的说话方式对你形成了这样一种不好的投射,让你以其人之道还治其人之身。

孩子,语言在我们为人处世的过程中起到的作用实在太大了。而说话时的语气与神态则更会将原来的语言情感色彩加重好多倍。同样一句话,经由不同的人、不同的语气说出来,结果会迥然不同。学会用语言与人友好相处是我们的立身之本。

妈妈希望你将来生活幸福,希望你身边的人都能以你为荣,希望你带给周围人的都是快乐、阳光,而不是抱怨、难受。所以调整一下自己的情绪,不要对身边的人,特别是爱你的人用那样的口气说话。这点上,妈妈也要改正,我们一起营造一个和谐的家庭氛围,我可不希望将来我到你家做客,被你家恶语相向的场面撵跑。

2012年12月

跟老师交流一下吧

从小,你就是一个离老师远远的孩子,也许在你心目中,老师总是不好惹的,所以最好对他们敬而远之。记得韩老师跟我说她到你们班的情景,你离得远远的,仿佛不认识老师;而孙同学则围着她叽叽喳喳。还记得我们到桂林去给姜老师带回来的小礼物，你怎么都不敢送给老师，后来我说如果你能把礼物给老师，立马让你玩二十分钟电脑，你才做了。并且自此以后让你给老师送礼物你再没有推辞过。

可是好像也就仅此而已。

现在上初中了，学习不再像小学那样轻松，你依然还是保持着上课听、下课做题，不会的问父母，基本没有想过去问一下老师。这个事情我跟你交流过不止一次，我说把这个当成一个挑战吧，当成你人生路上必经的一个坎。要知道，今天你作为一个学生，要懂得跟老师交流，将来你工作了，必须跟领导沟通。很多工作出色的人，因为不知道如何与人沟通，特别是与领导沟通，导致信息传递不及时，他的工作不能得到领导有力的支持，这都是在工作中最常见的问题。你现在任劳动委员，深深知道有些事情是必须跟老师沟通的，那么在学习中，让老师了解你的学习情况，了解你的解题思路，了解你的学习兴趣，从而为你提供一些别的机会。比如你想想你的劳动委员是怎么当上的，如果当初你离姜老师远远的，她根本不可能了解你更多，就不可能支持你来当劳动委员，也就不可能发现原来你对工作的责任心是如此之强，你就不会得到这么多的锻炼。那么自然而然，今天的劳动委员也就不可能是你。你还说当初杨老师选择你和杨同学，就是因为你俩在小学当过劳动委员。

那么现在想想看，那些学习好、与老师走得近的同学是不是会因此得到更多的锻炼机会呢?答案是不言而喻的。现在你不是班上前几名的学生,除了杨老师,别的任课老师对你知之甚少,即便是那些学习好但是也离老师远远的学生,老师对他们的了解肯定不如与他交流多的同学。比如这次生物社团,如果在此之前老师对你很了解,你就有可能得到他指导的机会,甚至你可以去问老师:"老师,我想加入生物社团,你能帮我吗?"这些机会都是可以争取的。

有一句话叫作机会是给有准备的人的。其实你离老师远,对你是一个损失,因为老师要同时面对那么多同学,就算是再尽心的老师也不可能对所有人都了如指掌。而一旦一个机会来了,老师首先想到的肯定是那些他相对了解的同学。你还记得六年级下学期,你劳动委员改选落选,姜老师又给你一个机会的事吗?想想看,我们这些年没有跟老师进行过交流,也许损失了很多潜在的机会。现在是初中生了,你应该可以想通这些了吧?今后的路还很长,你试试,跟每一个老师进行交流后会是什么效果呢。

至于如何交流,最简单的就是问问题,这个妈妈跟你说过自己的经验的。不论是课内课外的问题,都可以试着去听一下老师的意见,你不可能没问题的。起码,数学、语文和别的你喜欢的任课老师,去跟他们讨论一下问题。怎么样?自己订个计划吧。

2012年12月

期末回顾

转瞬,这一个学期即将结束,这近五个月的历程,没有让我感觉到漫长,更没有让我感觉到辛苦。原想要天天起早摸黑地接送你,该是多么的无法想象。天天晚上回家督促你做作业、签字,该是多么的辛苦。可现在看来,与你一同在路上的那些时光,是如此的快乐。早上看着你呼呼在身旁睡觉,摸着你的手(差点写成小手,哈哈),感觉离你是如此之近;下午接你上车后你带着发育后青春期男生的特有体味,也让我感觉到毛头小伙子就是如此;你兴奋地给我讲一路学校的见闻,下班后的堵车高峰竟然成了我最美好的记忆。晚上你在那个房间做作业,时不时地,我去给你送水、送水果,然后一起学英语,一起品味那些美文带给人的心灵感受,很多时候,我惊诧于你的感悟能力远超于我,对事物的理解是那么独到。我由衷地感叹,长江后浪推前浪呀!

记得那次去参加家长会,看到你写给我的小文,虽然事先早有感知,但还是有些液体湿润了眼眶。我儿子愿意用最质朴的语言,最真挚的感情跟我说话,而不是泛泛地把它当作一篇作文来写,让我深为感动,尤其内敛的儿子第一次用这样的方式来表达对我的爱,更让我珍惜。

这五个月,我们母子俩一起走过。九月份,你怀着对新生活的不安与期待进入了学校,出乎意料,你很快地融入了新生活,并以积极的姿态投入了学习生活。从劳动委员到英语课代表，你以自己的努力与勤奋获得了老师的肯定。行动上，你每天争分夺秒地在学校里完成作业，回家轻松地留下充足的时间来复习与学习其他东西，这样的轻松，引起了多少同年级家长的羡慕；心态上，你不再把自己定位于差不多就可以，而是积极地进取，努力做到最好。从跳绳到学羽毛球，从每次考试给自己客观地分析每一次的进步，妈妈看在眼里喜在心上。更可贵的是，你每天能跟我分享你的感受，觉得以前太不懂事，这些话真的让我倍加感动。

短短的五个月，你给了我很多惊喜，相信你也给了自己很多很多感受。中学时代，是人一生中最宝贵的时期，这个时期，是你从一个小孩子成长为一个青年的关键时期；这个时期，是你学习一生中足以应付后来大部分考试所需知识的时期；这个时期，是你结识一生中最长久朋友的时期；这个时期，也是奠定你一生的价值观人生观的时期。从今往后，每一年都会给你以惊喜，让你用崭新的眼光看待新的一年。每一年，你都会觉得自己在成长，思想在变化，心理在成熟。

都说孩子进入青春期后会逆反得厉害，跟父母完全无法对话，于是我就想把应该对你说的话赶快说完，可能让你觉得我唠叨了。那么就请你原谅妈妈吧，我会努力做到这二者之间的平衡。

2013年1月

对话"最好"(中)

关于计划

这个寒假对于你来说意义非凡,你对它的渴盼相信不亚于小学毕业的那个暑假吧。

记得我小时候经常做计划,尤其每到假期,自己就制作一份计划,可是往往在执行过程中就不了了之了。

等到工作后,才发现这种现象不仅仅在个人身上经常出现,在一个单位,一个组织,有计划不执行也是最大的问题所在。而往往那些始终坚持把简单的计划执行下去,完全落实的人,就成了工作中的"明星"。

我工作的单位有一位同事阿姨,是我见过的能把计划执行得始终如一最好的人,一旦确定这件事情,她就会不折不扣地将之坚持下去。一些常规的工作,她会根据每年的计划,适度提前，比如要在年初一二月份制订的年度计划，第一年她会在元月份完成，第二年她会在十二月完成，到第三年，她会在三季度就着手这件事，在四季度初十月份就完成了第二年的全年计划。我问她为什么要这样做，她说因为每年都要做这些事，基本在三季度就能够知道明年的工作，所以提前把工作安排完，这样就可以再安排别的工作。

现在把话题转回到学校。看到毛同学所说的明年暑假要把初中三年的英语全部自学完，我个人并不赞同这种学法，知识是需要消化的。譬如你今年学习的英语，其实已全部在小学学过了，但你是不是还是感觉有些地方没掌握呢？那是因为英语这种语言学习的深度要求很高，要经过很多的阅读与训练才可以将其掌握。如果简单地一带而过，下次你看到的时候会感到似是而非。所以我是提倡学扎实一些，哪怕进度慢，但是一旦学过，就牢牢地掌握了。你今年的副课我觉得是基本做到这点了，除了地理有部分还需要融会贯通（这个可以慢慢来）。

2013年2月

新学期，新开始

转瞬寒假已经结束，新的学期又开始了。

前天你说，你已经很快调整了状态，现在已经恢复上学的感觉了。

昨晚你早早做完作业，就开始复习历史，开始了上学期末的"边学习，边复习"的计划。

今早在群上，看到很多家长说昨晚作业做到十一点，甚至十一点半的，我忍着不再说你的作业仅用了不到一个小时就完成了。我知道那是你在学校争分夺秒赶回来的时间。当然，从别的家长的聊天中，得知有部分班作业确实要多于你们，比如多出来一个作文，预习等等。

你跟我用平静的心态迎接了初中第二个学期的到来。

一直想跟你说说这个假期你很给妈妈"长脸"。首先是在老家无一例外对长辈拜年，你那样落落大方地走到每一位长辈面前，拱手说着祝福的话，全无以前的扭捏状态，完全一副"成人"范。你还记得虎子哥哥强烈要求不要压岁钱，但是要拜年的场景吗？拜年实际上表达的就是一种心意，"年"是中国人最重视的一个节日。在过年期间的祝福"拜年"也成为中国人最重视的一种礼节。

第二是在吃饭的时候，你给爷爷奶奶们去敬酒。这也是咱们中国人，尤其是老家非常重视的一个活动。今年是你第一次给大人们敬酒，因为你已经满十二岁，不再是一个不谙世事的小孩子了。今后这种场合你将会碰到很多次，也许初开始你会不适应，你看，宇宇哥哥不就因为敬酒而把自己灌醉了吗？所以在这时候你就要学会变通，学会艺术，学会既敬了酒，又没把自己喝醉。这也是在中国处世的一个基本哲学。

第三是在回来的路上，你提出坐在车后排中间不舒服的位置，这个事情我前几天已经跟你说了，你没有耍小孩脾气已经表明你懂得了忍让。当然如果你能处理得再艺术一些，也许那一路上就不会让你那么难受了。

还有就是你对待作业的态度。这个我也曾跟你提过，你对待作业的认真以及讲究方法远远超过一些比你大的人。

虽然在对待英语与语文的额外补习上，你有些虎头蛇尾，但总的来说，你还是能坚持下来，而且你也发现，到后来你的语文练习方面的错误明显少了，并且在收假那天我们做的英语练习上，你的发音、做题的准确率有了很大的提高。

所以，这个学期开始，妈妈不再像上学期那样紧张，也希望你已经养成的好习惯能够继续保持下去，特别是期末考试给你带来的振奋要落实在学习中。副课要复习，但是，主课是你的弱项，也是考试的重点，所以，这学期，除了快速完成作业，每天增加的额外复习，一定要包括主课。别人在这方面下的功夫是你的好多倍，要赶超他们，你必须多练习。我们买的那两套同步练习就是日常使用的最好教辅书。特别是数学与语文，因为你们班上在这门课上的作业比别的班少，只能我们自己来。妈妈会跟你一起去选择有代表性的题，我并不赞成你像昨晚那样复习历史，那太浪费时间了，副课有些题口答就完全可以了。

上学期，你已经实现了我们的终极目标，但是要保持它是不容易的，特别是期中考试仅有三门主课，所以你一定要学会根据自己的情况合理分配时间，不能落下短板。你现在的短板是什么呢？你自己想想吧。

总之，这个学期，我相信我们会有更大的信心，以更好的表现为自己迎来一个更加精彩的学期！

2013年2月

长处与短板

昨晚你问我，怎么不给你写东西了？其实我一直想写，只是因为最近非常忙，上班没有一丝的空闲，回到家里就静不下心来。

还有一个原因就是这学期开学以来，你的良好状态，让妈妈非常欣慰，感觉说什么都显多余。你对每天作业的高效率安排，你对作业完成后复习的主动积极，你对值日工作的思考，你对出国态度的淡然，都让我刮目相看。

今天想跟你说的是长处与短板的话题。这是前几天我们一家三口一起说到的话题。

爸爸说，人不可以没有长处，要尽力去寻找自己的优势，发挥自己的潜力，让自己在某一方面的能力凸显。例如爱因斯坦、菲尔普斯。这些优势，会让他们犹如鹤立鸡群般让人对他们记忆深刻。我们通常会用"天才"来形容这些长处高于普通人的人。

我说，人不可以有明显的短板。木桶原理说的是这样一个道理：一个木桶装水的容量不取决于最长的那块木板，而是取决于最短的那块木板。比如，在一个班集体里，如果有一个人显得格格不入，通常是那些在某方面有明显"短板"的人，或者学习很差，或者性格孤僻，或者身体羸弱。这种有明显短板的人，会因为他们的短板而从小自卑，进而影响他们的人生。及至工作，这些短板也会成为组织的短板，影响一个团队。

那么在长处与短板方面，我们到底要取哪一个呢？是发挥自己的长处，还是弥补自己的短处？当然，如果能两者兼顾是最好的。但是，这样做起来往往会很难。那些优势明显的人，如果能一直将此优势保持下去，就将成为一个天才。爱因斯坦小时候，语言迟钝，三岁才开口，讷讷不成句，九岁还说话不流畅，还有诵读困难。小学经常考试不及格，被老师直接视为低能，校长曾劝家人放弃希望："不必操心，反正他什么也做不成！"但是，父亲发现他很喜欢数学和物理，就让他身为工程师的雅各布叔叔和犹太大学生泰米尔对他进行教育引导,最终他成为世界上最伟大的科学家。他去世后科学家对"爱公"的大脑进行研究发现:他的左脑部主导数学——空间推理功能的部位面积大,挤压了毗邻的语言区,造成语言能力迟钝,但这却也造就了超常思维功能。菲尔普斯小时被诊断为"多动症",老师说他"不可能做好任何事情",在学校别人的嘲笑成了他的噩梦,但他酷爱游泳,因此,他忍受"比世界上其他任何游泳运动员所经受的都要更'魔鬼'的训练",在七年的训练中,他只有五天没有下水。他说:"我还是待在水里比较舒服,那里才是我的家。"在2008年奥运会上,一人囊括八枚金牌,成为"奥运王子"。

从这些事例来看,人不怕有弱项,就怕没长项。如果一个人的长处明显到可以忽略他的短处时,他就是"天才"。

事实上,这样的天才,一方面是天生,另一方面是后天的努力与坚持。很多人在成人后,变得庸庸碌碌,是他们天生没有长处吗?我觉得不完全是,你们刚学过《伤仲永》,对这点理解应该更深。有些人不是没有长处,而是自己把路走歪了,导致很多天才变成了"庸人"。

所以,在你成长的过程中,前二十年你努力去发挥你的长处吧。你喜欢什么,就努力把这个喜欢坚持下去,如果到二十多岁你已经大学毕业,工作了,你发现自己还没有办法把自己变成天才，那么基于木桶原理，你要开始补你的短板，不能让你的短板影响了你所在组织的绩效。

不过话说回来，在学习中，长处不嫌长，但短板是万万要不得的，在考试面前，人人平等，除非你的某一方面可以天才至学校忽视你的短板课程，给你开绿灯；否则，一科考试的红灯就可能导致全科成绩毁灭性的结局。这一点从上学期期末的排名中你应该有所体会。

2013年3月

用心做，就是精益求精

首先祝贺你这次的寒假作业获得两个一等奖、一个二等奖、一个三等奖的好成绩。

当看到你的生物作业出笼，我就想这样的作业如果不能获奖，那就说明我们太井底之蛙了。

两个一等奖是你最用心完成的，生物的养花就不说了，图文并茂，而且富有情趣。地理的"十面霾伏"你花了多长时间自己最清楚。

你说还可以做得更好。是的，精益求精就是如此，在用心的过程中，你会发现，每一处都可以尽善尽美。昨晚我们一起字斟句酌，你说用得着这样吗？我给你讲了刘墉的故事：他在重新编订他写给儿子的书信时花费了半年多时间，更改了3000多处，这种字斟句酌的态度在所有的作家那里都再正常不过了。因为他们是职业作家，要对得起读者，这就是"专业精神"。我们看到行云流水般的美文，其实都是作家们呕心沥血的结果。

拿这次生物作业来说，一开始，你的认真态度起了一个好头，我们在放假第二天就买了白菜，然后坚持每天照相。后来发现在结花苞的过程中变化比较慢，没有每天照相，但我后来觉得这其实是一个遗憾，在准备的过程中应该可以精细一些，到最后就会多一些选择。常常是，我们当初认为没有必要，事后发现再多的准备都不会嫌多。

还有就是照相的角度，如果我们一直从同一个角度照，变化就会显现出来。还有背景的问题，在奶奶家有两张照片照得太乱，因为没有注意后面背景的杂乱。这两张照片后来也就没法用。就这样简单的一个作业，我们发现如果再用心一些，效果会更好，不是吗？

说到写东西的字斟句酌，其实我们在工作中，经常如此。因为要考虑用词的贴切，会反复琢磨，相互讨论，甚至用字典来界定确切的含义。

妈妈小时候写作文往往是一遍过，刚开始还颇得意，不需要草稿本。后来开始尝试写一些小说之类的东西，发现反复修改必不可少。你知道很多作家在写小说的时候会写几稿，不仅字斟句酌，还会改动文中的结构、人物的关系。因为他们在反复修改的过程中，根据当时的情境与心情会对文中的人物关系有不一样的理解。这点估计你也能体会到，现在如果让你回想一下小学的作文，对其中的一些立意以及遣词造句肯定会有不同的理解。

当然限于你现在的学习情况，不可能花费太多的时间精雕细琢，妈妈就来当你的雕琢师，给你提一些修改意见，然后你再花一点时间来体会。相信经过一段时间的积累，你会看到成效的。

2013年3月

一定要肯定自己

期中考试结束了。在等待成绩出来的短暂时段里，我想跟你说一句话，就是要肯定自己。

你说，你总是不能抱乐观的心态来看待成绩，感觉考得好的时候，成绩就不好了。所以上学期末，你拒绝查成绩，你也不去估分，直至现在，你都会不自觉地说："他们是好学生。"儿子，在妈妈眼里，你现在就是好学生，是我心目中一天比一天优秀的儿子。

人们说"后生可畏",我现在真切地体会到了这一点。你的日渐成熟,对爸爸的"不成熟",你开始以自己的口吻评判,不再像以前一样不闻不问;你的自觉,对作业的安排、对复习的安排,包括对复习计划的调整,都显示出你优秀的规划能力,所以爸爸说如果让你跟宇宇哥哥出门,你肯定是那个做计划的人,而他是服从你安排的人;你对自己的自律,虽然你酷爱玩游戏,但总是知道该在什么时候玩,什么时候停止;你表现出的独立与自主更让妈妈欣喜。今早跟李同学妈妈在群上聊天,说起昨天的安排,她说不放心孩子到外边玩,我很自豪我儿子能把同学组织到电玩城,而且是那么远的路。虽然你早上瞌睡不愿意跟我说起细节,但我还是希望有时间能听你说一说是怎么安排的。

说了这么多,不知你能否感觉到自己是这样的优秀?也许你会说,这有什么呀,都是些小事。儿子,人就是在一点一点的小事中成长起来的,人的能力就是通过这些小事锻炼出来的。你的能力、你的勤奋与努力毋庸置疑,不要妄自菲薄。还记得姜老师说过的话吗?奇奇只要一认真,没有干不成的事。我现在毫不怀疑你的认真,只是觉得你对自己太不够"好",不够肯定自己的付出,不够肯定自己的天赋。昨晚妈妈跟张阿姨见面,她女儿就是我常说的那个高一到美国去读书的女孩,今年高考,被加州伯克利大学录取,这是美国排名很前的一所大学。跟她说起你,她会惊讶你的表现,说你在这么小的时候就如此有见解,这么有独立思考能力,而且谈到你在劳动委员方面的用心,这些都是她女儿那时候没有的。妈妈无意让你跟她比,但张阿姨说的也让我惊讶,因为你确实在这些方面一直都是如此,感谢学校给你一个新的平台,让你得以展现你的优秀;我始终相信,无论在什么样的环境中,你都会是很特别的一个孩子,这种特别会让很多人对你记忆深刻,只要他们接触过你。所以给自己多一些机会,让更多的人了解你。

2013年4月

对话"最好"(下)

别让坏情绪控制你太长时间

昨天因为我一句话:"做两道培优题吧。"你立刻晴转多云,回到家就"砰"的一声关上门,还把门给锁上了。虽然后来你终于恢复常态,但一个晚上也基本过去了。

前一段时间,我跟你说,你最近的情绪好得让我有点"不适应",你不再跟以前一样动不动就发脾气,我说你的时候也不用再小心翼翼地看你脸色,你会笑嘻嘻地应对我,妈妈感叹我儿子真的跟变了个人似的。

昨晚你的反应又有点出乎我的意料了,我没想到,在期中考试成绩刚出来两天后你就会用这种态度来回应我,我还以为你正是士气高昂的时候呢,所以想再接再厉地给你鼓一把劲,结果没想到……

我明白，你的懈怠与疲惫是因为之前你的投入与认真，每次大考时你表面上没有什么，实际上你的认真与专注达到最高点，之后出现懈怠是很正常的。但是，这种懈怠可用各种方式来排解，当我压力大的时候，可以听音乐、看电视、与人聊天等等，总之要进行调整，否则，人老是在一种坏情绪的控制下，会让自己渐渐变得消极、没有活力。你现在的年纪本来应该积极向上、朝气蓬勃，如果让这坏情绪很容易就影响到你，就跟林黛玉一样，悲观进而不可自拔，看什么都是消极的。

人的一生会碰到各种各样的困难、压力与挫折，我希望你的态度始终是积极向上、乐观豁达的，即使因为妈妈昨天说的那句话，立刻让你情绪低落，你也要学会淡然对待。想想看，妈妈不过是希望儿子更上一层楼，如果你不同意这种做法，可以跟我讨论，而不是用这种闭关的方式来表示对抗，磨灭自己的心性。

2013年4月

请别这样吆喝我

"妈，过来！"

"妈，过来！"

这时候，不管我在干什么，都得第一时间冲到你的房间，经常是正在洗着东西，手上还沾着肥皂泡。如果因为打电话、上厕所、洗脸、听音乐没反应，你的声音就会越来越高。

记得为此我跟你说过，妈妈回家不是全天候等着你的召唤（这个词也不过分吧，你召唤完，就要求我立刻出去，并且把门关上），我还有很多事情要做，除去洗衣服、收拾丢得乱七八糟的东西、整理衣柜这些家务活，还要考虑你们的换季衣服是否齐整，隔三岔五需要给姥姥、大姨等亲戚打个电话，或者放松一下上了一天班疲倦的老腰，听听音乐、看看书及电视、上上网。而你经常不管不顾地要求我立刻向你报到。

儿子，请别这样吆喝我。

如果有可能，我一定是第一时间到你那儿，回家后我会把你的召唤当作最重要的事情来办。可是儿子，请你不要那样吆喝我。我曾经说过，如果是你作业中的问题，你可以先思考，如果思考五分钟还解决不了，那么可以问我一下，或者等作业全部做完后跟我讨论。不论是哪种情况，你都可以语气温和一些，"妈，有时间吗？"听听看，这句是不是比"妈，过来！"更让人顺心一些呢？

你在外面不会跟别的人这样不客气的说话，可是在家里，你觉得很放松，不用考虑语气跟用词。可是儿子，如果你在紧急情况下这样叫我，我会很理解，可当我正在忙别的事，你这样说，我肯定是顾不上，或者心生烦恼。想想看，我正在打一个重要电话，你在那边叫得山响，或者跑过来不管不顾地跟我说话，我会怎么想？

孩子，尊重别人，不只是在心里，在行为上更能体现你的真实水平。

2013年5月

青春期的男孩

昨晚跟你说，最近你变了，阿姨也发现你不再像以前爱耍小孩脾气了，而是动辄跟妈妈认错，这让我还有点不适应呢。之前心里一直做好了接受青春期逆反男孩的准备，专门跟父母作对，不愿意跟父母沟通。我也不清楚这样的变化是什么原因，总之这样的变化让我很是欣喜。

之前给你买了本《爸爸说给青春期男孩的话》，相信你对其中感兴趣的部分已经阅读。本来我希望爸爸能跟你就此话题交流一下，他说现在的资讯很发达，你一定已经有所了解。妈妈自然是无从体会你这个阶段的感觉，但还是希望有些话能够与你交流，当然我是站在女人与母亲的角度。

当我是中学女孩的时候，我的眼中也出现过异性的身影，那是青春期荷尔蒙分泌的必然结果。多年之后，我们当年的同学会坐在一起回忆那些片段,比如我曾经告诉过你的那个喜欢白阿姨的男生"英雄救美"的故事;比如我们会偷拆某个迁往外地就读的男生写给班里一个女生的信件,那两个同学后来终于共结连理;比如多年以后男生会告诉女生,其实那时很喜欢她。这些青春期的回忆,都让我们怀念那个纯真的中学时代,怀念那时的友情,那时的幼稚。

某一天你也会碰到这样的场景,无论是你喜欢别人,或者是别人喜欢你,那都是一种美好的情感,不要去排斥,即使对方是你不喜欢的人,也不可以亵渎别人的感情。青春期的萌动大多数很短暂,多年之后,很多情景可能都无法记得,无法追述,所以你不用太较真,也不用苦恼,这都只是人生中一个很小的经历。但是作为男孩,应该知道有礼有节地对待女孩,不要去伤害别人。

生活的圈子很大很大,你进入青春期,会看到关于两性世界的边边角角,作为妈妈,我希望你有体会,但不希望你因此沉溺,不要看到一点边角就以为这是世界的中心。青春期是一个男孩成长的关键时刻,你会感受到内心的冲动,你会有强烈的接触世界的欲望,你会不再对父母言听计从。

前天我们说,即使人一直朝着一个目标走,依然会有不同的结果。从现在开始,你会感受到很强烈的使命感,很激烈的竞争感,同时会有很多的诱惑在吸引着你,有时你会觉得自己定力不够，有时你会觉得自己不够聪明，你也会逐渐感受到复杂的人性与社会的善恶。有一种办法可以排解，就是抓主要矛盾，这个方法当你们上高中后政治课会讲到，面对复杂的现象，要理出头绪，就是抓住其中的主要矛盾。对你而言，你要成为什么样的人就是你在一生成长过程中的主要矛盾。你希望做个正直的人，就会抵制不良行为；你希望做个善良的人，就会扶危济困；你希望将来有所作为，就会勤勉努力。妈妈不知道你对自己未来的设计是什么，也许你的目标还一直在变化，也许你还没有仔细想过，那么抽点时间，来设想一下，将来的你会是什么样子。这样，你的主线就出来了。你的目标就很明确，无论外在的、内在的矛盾或者困惑，你都可以通过这根主线进行抽丝剥茧。

2013年5月

请别让我如此无助

昨晚你还在那屋做作业，我回到房间，心中充满了无助。陪伴儿子成长的过程是如此的充满戏剧性，前一天我还在为你的"男子气"欣慰不已，二十四小时之内，却已堕入绝望的深渊。

这一个月，我的注意力集中在一件事上，就是你的作业效率问题。计划、方法，我们一个一个来了，成效？有。从原来的每天十一二点提前到了十点多,前天居然在这个学期第一次有时间做了半小时的数学题。可是,看看昨晚,在路上,你还说今天要早早开始作业。去麦当劳买吃的,你说要快些。可是回到家,吃完饭,眼看着离七点半就只有几分钟时间了,你磨蹭着在我房间想玩Ipad,我不同意。于是,你回房间了,干脆睡了,我想,累了就睡吧。八点十五分,我去叫醒你,原以为你会责怪我没有提前叫你,可你依然一副睡眼惺忪的样子,这一晃,就到八点半,接下来的时间,你也没有计时,说因为时间晚了,不用再计了。好,我同意。可是三个小时过去了,你三科作业没有完成,还有数学。在此期间,我看到你没有丝毫着急的样子。直到我说我要去睡了,你居然说数学很简单,我无语。

回放昨晚的情景,我在想,你到底是怎么想的?那么晚开始做作业,不着急吗?作业很简单,你没觉得会花很长时间?那么当三个小时过去了,你这种信心还在吗?或者说,反正也晚了,这学期已经适应十二点以后睡觉了,无所谓了?我直感你似乎真是这么想的。因为那晚我一怒之下说以后十一点半必须睡觉,不管作业完成与否,你一副无所谓的样子,说那就正好有了不写作业的理由。

进入初二,你老练多了,也镇定多了,没有小男孩的毛躁,可与之俱来的是不在乎,对进退表现出一副无所谓的表情。说心里话，我有些后悔没有在小学阶段培养你争先向上的良好心态，没有让你体验名列前茅的快感以及由此带来的正面激励效应，即，越努力越好，越好越努力。初一期间，你这方面有了全新的变化。可你还是在给自己正面激励方面犹豫徘徊，一会儿怀疑自己的能力，一会儿忌惮别人的能力。明知别人比你多下很多功夫，多上补习班，你依然不能让自己走出原来的步调，加快步伐赶上别人。关于作业就是一个明显的例子。明知问题在哪里，就是没有足够的决心与行动力。我说的足够是指你其实也在努力，可是这个努力程度真的不够。眼看着班上别的同学一个一个赶超了你，你怎么还能以原来的速度前进呢？

　　让我无助的就是你这样的状态。我心里着急，可也不能强迫你去上补习班。我已经坐到你跟前了，可你还是一副慢悠悠的样子。

2013年12月

一场暴风雨

　　儿子，昨晚的事我们没有做太多的沟通，今天我回家会晚，现在在办公室讲一下我想说的话。

　　关于昨晚我的"大怒"，我不知道你是怎么想的，要说是心疼那块屏,可能只是一个导火索,事实上,我更心痛的,是你对游戏不可克制无法割舍的迷恋,以及除却游戏就无法放松的困境。我曾经说过,我不反对你玩游戏,但极其反对你对游戏如眷恋鸦片似的上瘾。

看到你的书面沟通,我的第一反应是很感动。记忆中,这是你第一次如此正式地向我道歉。不仅如此,你更明显的变化是当时就去复习了,尽管你用了如此极致的方式,跑到十二楼。其实,听到你关门的声音,我的心就往下一沉,担心你是不是受不了压力,又离家出走了。仔细想想,以我对你的了解,你最多也就是下楼转转就回来了。尽管如此,我还是担心你没有穿好衣服,会不会受凉,尤其是昨晚那样的雾霾天,你不是下楼去当"吸尘器"了吧?

爸爸认为我现在对你是"高压"政策,我跟他说你只看到我跟奇奇关系中冲突的一面,而没有看到我们推心置腹的交流。也许我现在做的很多事在他看来都过火了,确实,在初中以前,我很少这样去关注你的成长,可是也就因为这种"放养",至今令我后悔,没有在你成长的关键节点上给予你更好的环境,更多的关爱与支持。

幼儿园期间,我几乎没有接过你几次,记得第一次去送你,你在路上激动地给别人说,今天妈妈送我。你的公开课,我几乎没有参加过,包括你的幼儿园毕业典礼,我也没有在场。这些都让我至今感到无限的遗憾，我反对过分早期教育，可是我错过了儿子成长过程中那么多的精彩瞬间。你在幼儿园的时候英语口语极其流利，可是上小学后，不知不觉之间，你的原有优势越来越少，直到三年级那个假期，突然发现你居然连26个字母都没有认全。你刚开始念书的时候，就总是把一些字词念错，我不以为然，觉得只要大意相同就可以，可没发现你后来总是写错字，老师说这是因为你看东西太着急，没有留下深刻印象的原因。还有你总犯的粗心问题，开始没有重视，直到初一才改过来，可因此留下你现在做作业总得三番五次检查的后遗症。还有你第一次告诉我你没有当成小组长的心情，我也等闲视之，以至直到你四年级当劳动委员后才发现了你的管理才能——这些细节总让我自责。如果当时我再细心点，儿子今天肯定会比现在更加优秀，你的眼界会更宽，你的优秀会成为自我激励的强大动力。就如同爸爸在你出生时犯的第一个错误，没有听姥姥的话，给你盖上温暖的被子，导致你一出生就进入一个陌生而冷酷的环境，害你哭了一个晚上。现在他只要听到别人孩子的出生消息，第一句话就是第一晚一定要盖严实，因为孩子刚从暖暖的母体里出来，外面的世界对他而言是冰冷的。

就是因为有这么多的缺憾，从初一开始，我决心补上缺失的教育。我并不想一味地只谈学习，尽管作为学生来讲，这是最重要的内容；我希望能跟你探讨更丰富的理想、朋友、生活、兴趣爱好，包括你爱玩的游戏，因为你要面对的生活是那样的丰富；而在你离开我单飞之前，我希望能有更多的时间跟你交流，能倾听你的想法，也能让你了解我的世界。

关于"高压"说法，我的理解是当你面对困境的时候，总是需要别人来帮助你，这些帮助来自父母、师长、同学、朋友等关心你的人。而你现在的年龄段，这些责任恐怕更多需要父母来承担。衣食住行健康等方面的问题，大家都能理解；行为习惯、待人接物等，大家也能理解；唯有学习，似乎一管就变成了高压，因为它是这样的敏感。可是恰恰对于学生来说，学习是最重要的事。其实有很多家长都关心孩子的衣食住行健康以及学习，可对于咱们家来说，似乎一管学习就是高压。因为学习牵扯到各方面，习惯不好，影响学习；睡眠不足，影响学习；娱乐太多，影响学习。这确实是一个颇令大家头疼的问题。所以才会导致现在的家长与学生之间的矛盾如此之大。我总觉得在咱们家这种情况还基本算不上是什么大矛盾。

至于冲突，怎么可能会一直和谐呢？一家人在一起生活，永远有冲突。因为我们都是不同的人，也都是不完美的人。重要的是我们要有一种解决问题的精神。比如当下，我满脑子都是你学习效率不高、自制力不强的问题，所以碰到跟这有关的事情就容易动火，就如同昨晚你偷偷地玩手机。其实我是先看到你效率极高地完成作业，想着应该给你一个放松的机会，所以不要把我想象成恶魔。就如同你说我对你负推力也许让你受不了，我说如果你真觉得到了那个时候，我还依然故我，你就一定要提醒我。孩子，在你的生活中，学习上，我更多想担当的是导师与朋友，而不是妈妈的角色。我不想只做个照顾你生活的人，我还想让你能遇到问题时愿意与我交流，感到高兴时喜欢与我分享，有小秘密也可以悄悄告诉我哟，我会保密的。

2013年12月

附：儿子的回复

致妈妈：今天早早地完成作业，随后复习了物理、语文还有历史。在复习历史时，动了玩手机的念头，于是偷偷地把爸爸的手机拿过来，结果手滑摔到地上了，捡起来一看，屏幕的一角被摔坏了。一年前就摔碎了一个手机屏幕，现在又坏一个，难道我要当"无敌破坏王"不成？我想要把手机修好，于是拿回房间自己研究。因为连续复习了三门功课，有点累，于是休息了一下。你这时候来了，看我状态不好，又看我复习得差不多了，于是问我："要不要玩十分钟手机然后休息?"刚摔坏手机哪有心情玩?我拒绝了。你走后,我接着修,但仍被你发现了,你误以为我在偷玩,大怒。随后便发生了不愉快的一幕。你允许我玩手机娱乐一下,我为你的通情达理而高兴。而我,偷玩手机还摔坏屏幕,我有错。所以,我现在向你道歉:对于这件事,你有误解,这不怪你,责任在我,对不起。

当然,结果我要承担:不能再玩手机了,而且还浪费了自己的时间。

调整情绪

儿子,很久没有给你写话了。刚才在网上查到了你的成绩排名,年级486名。回看一下初一至初二近两年的成绩,总的来说,你最好的时候排到了214名,最差的就是刚进初一那次期中考试,804名。虽然每次你总是有一门被打上红点的学科,但总的来说,你一直在努力,其中英语在近三次考试中都比较稳定。想想这是不是因为你在英孚学习的积累达到一定程度后对学校学习的促进呢?

这次考试之后你的情绪一直不高,斗志似乎也没那么高了。虽然爸爸妈妈都很支持你进入青春期希望独立自主解决自己问题的心态与行动,但妈妈内心真的为你心疼。儿子,把自己情绪调节到最佳状态，对于学习与生活是至关重要的。你似乎一年里总有半年的时间在调节情绪，时间就这样在你的调节中渐渐逝去。

我理解你愿意用自己的方法去调整，比如疯狂地玩游戏，或者干脆就是无所事事地待着。记得以前我跟你说过，调节自己情绪的方法一定要健康，在家长会上，老师不止一次地强调体育锻炼的重要性，特别是对处于青春期的男孩子来说，通过体育锻炼，将身体分泌的荷尔蒙激素调整到正常，可以缓解暴躁的情绪。最近一段时间你喜欢打羽毛球，跟王同学去打乒乓球，你们结伴去骑车，可能你自己没什么太大的感觉，但我能感受到你运动后带来的情绪高涨。相比你玩一下午的游戏机，最后经常是被我或者爸爸叫停，心情是怎么样的呢？

你是一个独立自主的孩子，刚刚会走路，当别的孩子还腻着父母，你就开始自己玩。你也不太喜欢跟我们出去，我们也从没有勉强你，但是看到你现在这样，总是难以调节自己的情绪，我在想是不是因为让你小时候总是自己玩，或者是现在过分沉迷于游戏造成的自我封闭呢？现实中的玩与游戏中的玩到底有多大的区别，你比我更有发言权。游戏可以重来，可是现实没有逆转，游戏玩多了，会觉得现实太不好玩了，于是更加沉迷于游戏。于是这种不跟人交流，仅沉迷于自己世界里的生活渐渐主宰了你的大脑,人便会越发地不喜欢现实了。这就是我在现实中看到的,过分沉迷于游戏的人通常都在人际交流中有缺陷。孩子,你才十四岁,你真的愿意这样生活吗?

2014年5月

第四章

玩一次快乐人生

爱好无须太功利

奇奇的第一个爱好是看动画片，大概这也是所有小朋友的共同爱好。动画片带给奇奇的欢乐多，但也有不妙之处，有一段时间，奇奇特别喜欢把玩具扔出去。我纳闷这孩子怎么没有同情心，仔细一想，那段时间奇奇《猫和老鼠》看得很多，片中的汤姆与杰瑞无论是从碾压机出来，还是熨斗熨过，都可以恢复如初，大概在孩子的认知里，所有的东西都是这样的吧。

动画片的狂热带来的就是对衍生品的热爱。奇奇第一个最持久的热爱就数奥特曼了。家里集合了大量奥特曼的碟片以及奥特曼家族的各种模型与武器道具，出门必须携带一个奥特曼，今天是杰克，明天是赛罗。他会津津乐道地给我讲杰克与赛罗的着装与技术不同点。有一天，在商场看到了一个奥特曼玩具，奇奇闹着要买。我一看，340元，觉得实在不值，就是一个简单的装置套在手臂上，会发出吱吱的声音，但奇奇说这个武器特别厉害，一定要买，记忆中这是第一次给奇奇买这么贵的玩具。之前哪怕是在街边小摊花一块钱买个小货车，他都能心满意足地玩好几天。大概这个武器对于奇奇来说，委实珍贵吧。

对奥特曼的热爱时间之长超出了我的预计，他天天热衷于打怪兽也突破了我的忍耐极限。我实在无法想象这么幼稚且没有想象力的人物造型与故事情节设计能带给我儿子什么教育，我开始制止他再买碟片、买玩具，然而他依然乐此不疲地每天沉迷于奥特曼中。据说幼儿对一个爱好的坚持时间都比较短暂，眼看着别的小朋友早已脱离了对奥特曼的热爱，只有我那执着的儿子依旧每天进出都带着奥特曼。很多模型在玩的过程中逐渐破损，他依然舍不得丢弃，直到后来小学快毕业了，我在清理他的玩具时把能用的送给家里更小的小朋友，破损的丢弃。他无奈地摸着一个个残臂断腿的奥特曼，给我诉说这些玩具曾经带给他的快乐。在五年级的一篇作文《二十年后回故乡》中，奇奇描写了一个场景，二十年后，他回到老家，爸爸妈妈在壁橱里保留了他童年玩过的玩具。看到这里，我感动了，第一次意识到我的儿子内心里是多么的注重情谊，即使是一个残破的玩具，在他心里也有这么重的分量。

对奥特曼的热爱随着游戏的闯入渐渐淡出，奇奇开始了他欲罢不能的游戏热爱之旅。

奇奇从一开始就玩起了竞技与战术游戏,《红色警戒》是他玩得最长的一个游戏。突然有一天,家里进了盗贼,带走了笔记本电脑,我们没有立即告诉奇奇,因为上面有他正在玩的红警。果然,当奇奇得知电脑没了时,放声大哭,说上面有他辛辛苦苦才打到一半的红警。这个情节也出现在他那篇《二十年后回故乡》里,当他找到儿时的发小,桌上的电脑里正是红警的画面。

玩游戏比奥特曼更让我伤脑筋,奇奇的业余时间几乎都贡献出来了,我为此做了严格的限制,从每天一小时到每天半小时后来到小升初时减为每周两小时。学校严令禁止学生在家里打游戏。我们也曾实施了一次禁令,结果发现奇奇跟丢了魂似的萎靡不振。与他爸爸商量后说算了吧,因人而异,就这样,我们还是维持了每个周末两个小时的游戏时间。对于这个时间,奇奇控制得十分精准,开机以及装载游戏的时间不能算在内。

一个假期,需要写小练笔,题目是《我多么想》,奇奇写的是:我多么想痛快地玩游戏,早晨一起来,我就想玩游戏,然后去找爸爸,他不同意,我恨不得一脚把他踢出门去……

既然不能遏制孩子的爱好,那就只好顺着来了。我开始跟他探讨游戏之道,了解红警是怎么回事,噢,原来与星际争霸相同。于是，我跟他说你在妈妈肚子里的时候，我就喜欢玩星际争霸，奇奇立即找到了共同点，看，我就是受你的影响，所以才喜欢这一类的游戏吧。我说要玩就玩个厉害的，你看看能不能很快冲关，再有空研究一下游戏是怎么做出来的，首先需要有情节，比如跟历史相关的，诸如三国之类，其次要有人物设计，然后用画面把它表现出来。这个过程需要语文、历史、数学、画画等知识与技巧，于是奇奇有了第一个理想：开个游戏厅，里面装的都是他自己研发的游戏。

大概是受游戏影响吧，他喜欢上了漫画，每期必买《漫画世界》。家里的《漫画世界》摞起来快有一米高了，急速陷入漫画的代价是很快他就近视了，戴上了眼镜。渐渐的，光看漫画已经不能满足他的兴趣了，他开始给漫画配音，后来自己开始画漫画，是那种简体的火柴人。老妈为了鼓励他发展这个爱好，还跟他一起探讨，比如增加一些除了打斗之外的情节，增加一些人物对话会更好，还带着他画的一本子漫画去请教别人。得知即使是看起来很简单的火柴人，作为一个系列还是蛮难的，比如把同一个人物一直画成相同的样子；也知道奇奇画的是分镜头，就是漫画场景中的一个镜头。

看漫画带来的好处是他可以随心所欲地用漫画表达自己的心情。某天奇奇要到妈妈房间来睡，妈妈说你把爸爸的地方占了，奇奇把妈妈的瑜伽垫往地上一铺，睡在上面，又觉得不妥，万一爸爸晚上回来，不知道地上睡着人，踩着他怎么办？于是奇奇画了一个小人在地上睡，然后写："奇奇在地上睡，请小心点。"贴在门口的玻璃上。

奇奇后来的漫画作品出了系列，大概有好几本吧，他每天拿到学校里，因为班里有读者要等着看。后来我发现奇奇有个非常厉害的特点，分析问题一语中的，大概这跟他已经习惯用漫画表达有关吧，简单的一幅图，传达出作者的用意，读者一看即懂。

初中后，奇奇对漫画的迷恋渐渐淡去，对游戏的热爱却依然不减。初一寒假着迷上了X-BOX（家用的视频游戏主机），每天玩得腰酸胳膊疼。爸爸妈妈突然灵机一动，对啊，同样是玩游戏，这个游戏既可以玩，还可以锻炼身体，一举两得啊，于是跟奇奇谈判，如果期中考试考好，奖励一个X-BOX，当然前提是不能再玩电脑游戏。这次奇奇爽快地答应了。至此，让老爸老妈为之头疼的电脑游戏问题终于进入另一个阶段。

然而喜欢打游戏真的是奇奇挥之不去的梦。从小到大利用一切空闲时间，车上、厕上、饭店，自己号称是"电池杀手"。在这样一个全民游乐的时代，各种文化渐渐植入了这些玩乐中，这一代人号称是与游戏一起长大的一代。与奇奇聊起这个问题，他说这不就跟喜欢踢足球、打篮球是一个道理吗？

就是一种休闲娱乐啊。与球类运动后来发展成一项赛事一样，电子竞技现在不也有专业的赛事吗？

是啊，孩子的天性就是喜欢玩，小男孩从小喜欢枪炮与汽车、喜欢动画片、喜欢玩游戏；小女孩从小喜欢布娃娃，喜欢模仿影视剧中人物的穿着打扮去演戏，都是一种天性的流露，作为父母，只能顺应与引导。小升初期间与中考期间，奇奇的游戏一直没有停止，因为这是他所需要的情绪宣泄出口与休闲娱乐方式，作为父母，所需做的是与孩子商量一个双方共同认可的时间限度。

初三寒假，奇奇对音乐发生了兴趣，开始是古典音乐，然后是爵士、电音，很快我就可以向他讨教爵士与蓝调之间的区别了。尽管奇奇从四年级起学钢琴，但对于音乐的喜欢始于初三，我觉得他这个年龄段突然喜欢上了音乐必定是受了某人的影响，这个从未求证，但与高二之后喜欢诗词一样，少年时期的爱好源于身边人的影响，作为过来人看得一清二楚。

与其他喜欢流行歌曲的孩子不同，奇奇更加喜欢没有填词的纯音乐，任由自己对音乐内容进行随意的想象与添加。洗澡的时候，将手机音乐选好，将音箱放好，然后在音乐声中舒服地泡一个热水澡。身为母亲的我，也能体会到其中的美好啊！

高中之后奇奇给自己定了一个小目标，一段时间发展一个爱好，于是画画、做动漫、写诗都成了这些小目标。其中有一段时间喜欢"初音",跟我申请钱买初音手办,并且说明别看这一个小小的手办价格好几百,原因是版权问题。当我惊奇地了解到原来初音只是一个语音合成软件的虚拟形象,居然有那么多人参加初音的演唱会时,着实不解:"你们为什么会喜欢一个并不存在的虚拟形象?"奇奇反驳我:"难道你们喜欢偶像就一定要见到他本人吗?"

小时候的爱好在持续一段热度之后都渐渐淡去,上高中之后发展起来并且最为乐此不疲的爱好是读书。关于读书,将其简单归于爱好跟我们日常理解还有不同,因为他鲜少读大众喜欢读的小说,他喜欢的休闲读物是诗歌、散文以及画本,其次是一些与自己思想体系产生交流的书籍以及作为一个理工男孩喜欢的前沿科学读本。

高二时,奇奇发展出了另一个爱好,独行看世界。一个人骑车或者步行,观察沿途风情,比如花圃、公园、书店等。高考完自己一个人去敦煌旅游,骑行小小的城区,晚上一个人爬到山顶看星星,定好闹钟早上起来看日出。起初我很担心他一个人去到如此荒凉的地方会不适应,后来觉得这才是让他可以完整与世界接触的最好方法,也许在这样的环境中他才可以心无旁骛地用全部的感官去与世界对话。樱花盛开的时候,我问他大学校园有没有可以观赏的地方,他说楼下就是学校最著名的花海,我说那也不给我来张照片欣赏一下?他说自己更喜欢专注地去赏花，所以很少照相，而很多人名为赏花，实则摆好姿势照完相就离开了。

想起小时候让他学钢琴、学画画出于一个原始的想法，希望儿子将来在独处的时候可以有多样的兴趣支撑，而今发现当一个人内心充盈时，他无论是在闹市还是荒野，都会将日子过得丰富多彩。

写于2018年1月，改于2019年5月

让我们出发吧

2005年国庆,我们一家三口第一次乘坐轮船从宜昌到重庆,游三峡。自此,一直到奇奇小学毕业,每逢长假,我们都举家出游。奇奇说一上交通工具就有了旅游的感觉。

选择三峡有两个原因,一是三峡正在修筑大坝,届时一些景点将会沉没水下,永远无法面世;二是奇奇还小,不适宜参加一些需要走路较长的旅游线路。

从西安到宜昌坐火车,同车厢里还有两个小哥哥也跟我们一线,三个小朋友立刻玩到了一起。奇奇把随身带的玩具分发给小哥哥们,自己看着他们玩,露出了心满意足的笑容。

奇奇从小喜欢玩,但是对于自己刚刚新买的玩具,一般是不喜欢与他人分享的,甚至会发生这样的情景,第一天拿着新买的玩具下楼,迎面碰到其他小朋友,就会冲上去狠狠地拍人家一下,吓得别的孩子大哭,奇奇为此在小区里恶名远扬。

我也为此大伤脑筋,搞不懂这是个什么情况,后来看书也咨询别人,得知这在小男孩中属于一种行为外交。小男孩往往语言发育比较晚,想跟别人交流比较困难,所以会用行动去打招呼。但这往往容易引起别人误解。此外,根据妈妈的观察,发现奇奇对于新玩具格外在意,不愿意与他人分享,心理学说这是一种非常正常的现象。即使大人也不太愿意与别人分享自己心爱的东西,但是很多父母觉得这样显得小孩特别小气。理解了这一点,碰到这种情况,妈妈就跟别人解释:"今天是奇奇第一天玩新玩具,让他自己玩一天,明天就可以跟大家一起玩了。"然后回头再跟奇奇讲:"小朋友们要在一起玩,这样你玩他的,他玩你的,玩具就更多了,不能只想着玩自己的,要和大家一起交换。"大概是"交换"这个词奇奇理解了,后来,每当他想和别人玩,总是先把自己的玩具塞给别的小朋友。

轮船之旅果然惬意,整日在水上漂着,每当到景点,再上岸去转。在白帝城的小店里,奇奇看中了一个军用望远镜,非要不可,妈妈不愿意,因为有点重,小孩子出门基本走不了几步就抱着,加上这个玩意儿,妈妈抱不动啊。妈妈试图说服奇奇买个小点儿的,小孩子不干,执拗无比,妈妈生气了:"你要买的话,就不要让我抱。"但见小人儿双手抱着望远镜,竟义无反顾地自己走了。后来类似的场景还发生过一次,在西安钟鼓楼广场的古玩店，看中了一副蓝田玉做的象棋，依然是死缠烂打地要买。后来跟奇奇说起这事，他说就是觉得好啊。想想我的孩子长这么大还真只有这两次为买东西不达目的誓不罢休，从没为别的东西闹到这个程度。

丰都鬼城是这一站中令人充满想象的地方，上岸的时候已经下午，天气阴阴的，奇奇与众小鬼雕塑们都亲密接触了下，专门与淘气鬼合了影。下山时已近黄昏，阴森幽暗的感觉还真让人有点毛骨悚然。奇奇买了两个鬼面具和玩具，其中一个带有充血装置，结果回去发现是个坏的，一按按钮，血没有冲到面具上，直接冲脸上了。

壮观的景象还有葛洲坝，看着水一点一点往上升，轮船从低处升到了高处，给奇奇讲这个过程，他那时说话分不清"sh"与"s"，口音像个南方人。"绥（水）就慢慢丧（上）去了。"说起来，他的这个发音真是让人纳闷，生在北方，地道的北方家庭，怎么会有这样奇怪的发音呢？后来上了小学，不知道老师用了什么神奇的方法使奇奇的一口南方口音迅速回归为北方。

2006年家里买了车，国庆期间去了河南，观赏了嵩山壮观的少林寺，探访了愚公故里，瞻仰了伟岸的龙门大佛。自驾出行的好处在于时间可以自由掌握。那时私家车还没有后来这么多，但是长假的路上车依然很多，爸爸非常有感："果然路上车很多。"

往河南去的沿线正是中原大地的核心所在，一路上正好给奇奇现场演练一下三国的场景。为了怕奇奇路上寂寞，邀请了妈妈的闺蜜母子同行。

辰辰哥哥正好大奇奇一岁，两个小男孩后来成为假日出行的铁搭档。然而这哥俩的关系自从上了初中后感觉渐行渐远，老妈想不通，问奇奇："你们两个从小一起出行，在一起的时间那么长；与宝宝（儿时的邻居，上一年级后搬家就很少在一起）相比应该更加熟悉，为什么上初中后与辰辰感觉生分了，而上高中后，与宝宝反而每逢假期必约会？"奇奇说："那是因为我与宝宝的关系是光屁股时认识的，彼此之间是坦诚相对的，加上上高中后偶然一次见面发现彼此之间的爱好惊人一致；而与辰辰主要是因为你们大人之间的关系。"在我看来，其实是彼此之间心性远近而产生的不同的距离感。三个孩子虽然年龄相同，都是理科生，但奇奇与宝宝更加喜欢人文类的东西，喜欢在一起探讨跟内心相关的感受，可能这些是他们能够在分隔十年后重新走到一起的原因吧。

2007年"五一"自驾去了令人心驰神往的甘南，考虑到路途遥远，特地拉上了温家哥哥与未婚妻一并前行。奇奇第一次见到了美女，说孙姐姐是他见过最漂亮的人。这一行路途艰险，但美景怡人。苍莽的甘南草原、路边成群的牛羊、头顶盘旋的苍鹰、壮观的拉卜楞寺、条件艰苦的朗木寺、美丽的九寨沟、神奇的黄龙、钙华池，不但大过眼瘾，而且彻底治愈了我与奇奇及孙姐姐的晕车病。在黄龙下山时爸爸担心奇奇自己走太累，就想抱着他下山，遭到拒绝，坚决要自己下山。令人回想到三岁时第一次去登王顺山，下山时爸爸抱了一会儿，结果是小人儿闹着非要回去，坚持自己再把那段路走完。

2008年夏天与妈妈单位的同事一起游云南，同行的还有一个小哥哥与一个小姐姐。孩子们在一起，真是不比不知道，一比吓一跳，奇奇的精力充沛与自作主张令大家刮目相看。一个阿姨评价说如果在车上听不到奇奇的声音，只有两种情况，一是在玩游戏，二是睡着了。到玉龙雪山前的检查站时，导游让小孩们趴下，以防买票，那两个小朋友都听话照做了，只有奇奇抬起头反复问："为什么？为什么让我趴下？"

晚上我们去逛酒吧，另外两个小孩都留在酒店早早休息，奇奇一听去酒吧，兴奋的眼都亮了，半夜两点跟着我们一起回酒店，毫无疲惫之意。我常想，奇奇这天生精力充沛真是难得，小不点儿时，只要我们不说睡觉，他就不说困，有时实在困到倒头就睡的程度，也决不跟我们说"瞌睡"二字。

奇奇这一路的折腾让那两个孩子的家长可是看不惯了，一个妈妈跟我说："你耐心可真好，要是我，早就一个巴掌上去了。"另一个爸爸说："我要是有你这样一个儿子，都能被气死。"也许是奇奇天生没有那么温顺听话，也许是我们从小放养的结果，在别人眼里，他有那么多的问题，总是需要我们给出一个令他满意的答案他才可以听话照做。这在带他的时候的确是挺考验大人的耐心与智商的，但往后看，他保持住了孩童的好奇心，也不会盲从于别人的说教，养成了独立思考的习惯。小学有篇作文，需要写校园的花坛，他晚上跑到学校，专门去观察体会。

养育男孩，本就需要付出比女孩父母更多的精力与心力，我总觉得，陪伴孩子长大的过程，其实就是跟他斗智斗勇的过程，不能用简单的权威要求他必须做什么，而是要告诉他很多的规则与道理。小时候告诉奇奇公共场所的花不能随便摘，他不但自己做了，而且看到别的小朋友摘花的时候，他会上前制止。上了中学，他对这些规则的意识更加清晰，对自己的要求也更加严格，比如，决不插队、决不乱穿马路，这些细节在他的笔下也时时能看到。

2009年国庆我们又走了一次甘南，正逢国庆六十周年，从麦积山下来，在农家乐看了雄壮的国庆阅兵。这次的路线是红军长征的腊子口及若尔盖草原，金秋时节的草原比"五一"时节更加壮美。适逢国庆六十华诞，这一路随处可见红旗飘扬与红军长征纪念碑，感慨颇深；金秋十月领略了若尔盖草原雪域风情，草原一会儿如绿缎般柔美，翻过山头但见一片灿灿金色，中秋那天干脆大雪纷飞；集体体会了一次高原反应，回想起来那感觉依然历历在目；地震周年之际亲历震源汶川与映秀，深感大灾与大爱同行。在奇奇的记忆中，难忘的也许是在若尔盖草原驰骋天路时站到天窗外"风像刺一样扎在脸上"的感觉，打雪仗的中秋节以及在映秀小学站在望不到边的公墓面前时的沉重心情。

2010年国庆，我们去了额济纳，这是一次最疲惫的旅行，七天往返近五千公里，出发前我正处于身体不适阶段。奇奇对于本行程最为着迷的应该是巴丹吉林沙漠带来的陶醉，而对于大人们无限着迷的美丽胡杨林，似乎没有更多的兴趣。当我与奇爸沿着河岸去一探究竟时，他依然对挖沙洞感兴趣，犹豫片刻，我俩决定就留他在原地挖沙子等我们回来。预计是半个小时，哪知这一去就是一个多小时，等到两个不负责任的父母回来时，奇奇说他已经去附近找了我们一次。也许这种分寸只有自己可以把握住，在那样陌生的地界，在奇奇没有手机的情况下，我们把十岁的孩子独自留下一个多小时。

旅行也是一个历练成长的过程啊！

选择去哪儿旅行是一家三口的大事，一度我们希望来个国际线路，奇奇并没有太大兴趣。自己选择了海南、东北。去海南自然是为了看海，这一行，我们选择了从雷州半岛轮渡至海南，实现了海上看日出的愿望。虽然在那儿，老妈又一次遭遇了正处逆反期的奇奇的攻击。当老妈兴奋地叫正在船舱吃泡面的奇奇时,他的反应是:"你大惊小怪的干什么?"2016年暑假,即将升入高三的奇奇只有八天假,还分两次放,我们统一意见利用五天时间继续海南之旅。这次住在海边套房里,可以听着海浪的声音,看着满天繁星待在阳台上泡澡。奇奇非常享受这种感觉,一个人在阳台看星星看日出。

东北之行满足了奇奇对于黑土地的好奇,也让老妈见识了夏季东北的湿润气候与凉爽怡人。太阳岛上零下十度的冰雪世界体验及哈尔滨充满欧洲风情的街景让我们见识到了华夏大地的美丽与博大。

去了最北方,去了最南方,2016年,西藏之行终于成行。当我们历尽辛苦,四小时颠簸近一百公里到了藏南的索松村,看到了难得一见的南迦巴瓦峰雪山,我们兴奋得难以自持,倒是奇奇,一副淡定的神情。我跟他说:"有很多人专程来看这里的雪山,为此常住小一个月,结果仍是抱憾而归,而我们如此有幸的一来就看到了如此美妙的雪山,还有罕见的峰顶蘑菇云,你居然会不激动?"他说:"我这么小就看到了很多人终其一生都难得一见的美景,那余生还有什么乐趣?"

在路上的日子里,除了有长假中的美好,还有各种小假的快乐,汉中的油菜花海、青海的油菜花海、桂林的山水与龙脊梯田的壮美、太湖边的三白与西湖的轻松泛舟、壶口瀑布的壮观以及华山绝顶的险峻。

在路上的日子，奇奇养成了自己的冥想习惯，养成了与自己对话的习惯，养成了很早就可以审视自己内心的习惯。十几岁的孩子讲出的话倒令我这中年人时常沉思。

跟奇奇谈到这么多的经历，他淡淡地说，其实很多小时候去的地方他已经没有太多印象了，大多是通过我们的描述才得知的，不过在记忆中潜藏了一些画面，那些画面可能就是小时候去的地方吧。初听时我有点小小的失落，但是仔细一想，孩子的成长不就是一个过程吗？所有的细节我们都未必记得，何况孩子呢？然而正是这一个个细节形成了孩子成长的轨迹。人一生也就童年时代与父母在一起的日子感觉是如此绵长，这种记忆需要用一些形式加深，我想旅行就是这样一种形式吧。这种形式也许更多的是给父母带来回忆，多年之后，给自己的孙辈们讲起："你爸爸小时候啊……"

我如此喜欢举家出行的另一个主要原因是只有在旅行中，全家人一心一意全力在实现同一个目标：玩。尤其在自驾游中，往往在长达几十个小时的封闭空间内，只有一家人，我们会自己创造话题，比如经过的城镇，与历史相关的会与孩子一起讨论这里曾经发生过的事件，与地理相关的探讨一下如何形成的地质地貌，与人文相关的考究一下这些人的生平往事，还有生物成因、气候变迁等等。话题是如此丰富，足以让各个年龄段的孩子都受益无穷。在这种放松的环境下，一家人一起说说笑笑，确实是独一无二的亲子时间。

在与别人同行的过程中，可以让孩子有更大的交际空间。记得三岁时一起爬山同行的一位小范哥哥，奇奇总是叫成"小米饭哥哥"，成为我们旅途一路的笑点。

小孩子与大人们的观感会有大不同，特别是对于较小的孩子，无法像大人一样体会到自然景观的鬼斧神工与人文景观留下的深刻印记。在山东曲阜，我们惊叹于三孔的伟大影响，而留在九岁奇奇记忆深处的却是状元们一篇篇精美绝伦的文稿。在额济纳，我们选择了美丽的胡杨林，而十岁的奇奇选择了挖沙洞。在黑水城沙漠中看星星给奇奇留下了非常深刻的印象，以至高考后还念念不忘想再去一次那里看星星，只是那里条件实在无法让他一个人独行，最终选择了在敦煌看星星。

我们去的很多地方都是较为偏僻的西部地区，条件艰苦，很多时候大人们都难以适应，但是小孩子却很少感觉不适。也许在这样的环境中，自然提升了孩子的适应能力与应变能力。

奇奇在小学与初中阶段最头疼的就是写景类作文，有时我就把去过的地方照片与自己写的游记拿来让他看，让他通过图片与文字再与模糊的记忆进行叠加，据此他后来发展出根据秋日的壶口瀑布想象冬日的，看过海上与草原的日出想象高山的。看到他越来越流畅的文字，我心甚慰啊。

写于2018年1月，改于2019年5月

离家在外好自由

有一次跟家族里一个高中出国读书的孩子聊起来，问她这么早出去的感觉，她说你们大人真的是很放心，这么早就让我们离开家，也不怕我们学坏了。现在孩子出国读书的比例越来越高，年龄越来越小。对于经济许可、孩子独立性强的家庭来说也许是多了一个选择的机会，至于这样做好还是不好，也未必有一个统一标准。

奇奇上初中的时候，我也问过他有没有考虑到国外去读书。他说要到大学毕业之后，因为他不想"满世界去找同学"。

不过透过孩子独立在外的生活片段，倒是可以看到孩子心性的发展轨迹。

四年级时，奇奇参加了学校的新加坡游学，为期五天，这是年仅十岁的孩子第一次远离家门。那时没有家校联系机制，五天后，奇奇回家，波澜不惊地讲述了在新加坡的情况。仅有一件事，让老妈不太开心，小儿子回家没有给爸爸妈妈带任何礼物。他的解释是，不清楚日程安排，总想找到更好的时间与机会再买，结果是钱没花完，礼物也没买到。

六年级毕业前夕，学校组织到美国游学，老妈给奇奇报了名，这次时间长，三个周，二十一天。老爸不以为然，觉得这么小的孩子，出国能有什么收获？在老妈的坚持下，奇奇的美国之游成行了。

两地时差十二小时，我们的时间完全被颠倒。在群里看到孩子们一张张喜气洋洋的脸，顿时轻松起来。事先有准备的父母们通过手机、QQ视频迅速联系上了孩子，获得了第一手信息。苦了那些听老师要求给孩子什么都没带的父母们，一遍遍要求老师给孩子照张相放上来，还有事先没有开通国际漫游、手机无法使用的孩子家长，连忙去办理这些原来以为老师们都会搞定的事情。事实上，他们的迫切心情使得他们根本无法容忍哪怕是一天的耽搁。

奇奇仅在落地第二天简单说了一下情况，然后就消失得无影无踪了，好在群里时不时发布的信息与照片里能看到奇奇的影子，倒也安心。第三天开通视频问了一下如何在微博上传照片，此后便是手机不接、留言不回、视频请求不理。头两天，笑话群里的父母们让老师给孩子说明记得给手机充电，跟父母联系，这下在自己身上应验了。给发一个威胁留言："再不跟我们联系，我们决不主动联系你。"得，话说完两天那边依旧无星点动静。这一天早上，爸爸再一次放下身段，给留言，依旧没反应，只好使出撒手锏，给老师留言，要求儿子跟我们联系。这一招倒是管用，清早，终于听到手机视频请求，第一句："啥事？"全然跟我出差期间叫人家来接电话的情景重合。

跟奇爸私下议，如果我们跟他不联系，是否这三个周就这样度过。然后气愤地想，这个不孝之子，回家一定要好好教训一下，怎么这么不理解老爸老妈的心呢。过一会儿又说，也不容易呀，你看这个日程安排得满满的，哪有多余的时间呢？

哎，真是儿行千里母担忧呀。

走之前，对未来的三周充满了期待，走之后，突然发现日子变得空洞而苍白，不用再考虑回家吃什么饭，作业什么时候完成，闲暇怎么安排。反正现在有的是闲暇时间，过去习惯了他在那边做作业，我在这边做家务，现在没有背景铺垫，似乎也就没有动力做家务了。

归来的奇奇除了给自己带了玩具和衣服，还给爸爸妈妈以及其他人都带了礼物。虽然十二岁孩子的审美水平让成人感觉有待提高，但是这一次孩子的真心是真切感受到了。

临行前老妈做好了心理准备，这一次出门，行程之长，日期之久，所到城市之多，难保孩子不能把所有东西都完整带回来。结果小伙子把所有东西都完整地带回来了，没有遗失一件。

以前总觉得孩子小，离不开父母，事实证明，根本就是我们自己的心理在作怪。孩子，正在成长过程中，外面的世界很精彩，他全身心都被那些精彩所吸引，父母的牵挂对于他来说，只是风筝的那根线，他们只想越飞越高，而拽线的人却总害怕脱离了自己的掌控。

经过这一次的磨炼，老妈对奇奇独立外出有了信心。

初一开学是五天的封闭式军训，在山里的部队训练基地，条件之差，使得奇奇破天荒有了"想家"的感觉。老妈在为奇奇准备行李时闹了一大乌龙，给奇奇带了餐具，但没有筷子与勺子。于是乎，这五天奇奇是如何度过的呢？跟人借啊，几乎把能借的人都借遍了，不过有些饭食不需要工具也可以吃，比如稀饭、馒头。老妈想象不来平时很费力才能主动跟人开口的奇奇是如何在一个陌生的环境里做到这些的。我问，为什么不跟老师提一下呢，楼下就是小卖部啊！因为老师不允许下楼。看来还是跟同学开口更容易些吧。

经过这一次，老妈再次印证了，孩子在外，总有自己处理问题的方法，不管妥当与否，满意与否，只要解决了问题，就OK，做父母的还是太低估了孩子的能力。

几次之后，奇奇自己也更有信心，觉得独立在外没有处理不了的事情。

高考后，奇奇要自己前往敦煌旅游三天，老妈很担心，那样一个偏僻的地方，只身一人如何能行？老爸用实际行动支持儿子的行为，给订好往返机票，以及到达后参加的两日游旅行团。说是团，最后只有两个人。有了这样的安排，老妈自然也没什么好担心的了，就一个要求，每天给家里报信息。这一行，奇奇还真安排得心满意足，到了市区，自己找了辆摩拜骑行城区，第二天看完壁画，在沙漠野营，一个人在山顶等着看星星，又给自己定了闹钟起来看日出，结结实实地达成了一个人看世界的首个心愿。

去大学报到是爸爸妈妈陪着的。

然而到了学校，自己办完报名手续后，就摆出一副跟父母拜拜的样子。老爸生气转身离去，老妈执着地跟着儿子到宿舍。到了楼下，奇奇转身跟我说要自己先进去，老妈当然明白孩子的心意。就跟在他后面慢慢上楼，一会儿跑来说，宿舍没人，自然老妈就无须再有顾虑了。

进到宿舍，打扫卫生，收拾东西，奇奇一概不需老妈动手，在老妈的坚持下同意先示范性地把衣服收拾到衣橱。奇奇从小到大，自己的书包从不要我们给收拾，理由是他自己整理过的东西，他清楚各样用品都在哪里。这次他坚持要自己做，除了一向的习惯，更多的是对自己新生活的渴望及想要"我的地盘我做主"吧。

大学家长群里,经常看到有些家长在问"第一轮没有选上课的怎么办?""户口落户怎么办?"等等问题,初看时十分诧异,因为这些问题学校肯定已经给学生通知过了。首先应该去问孩子,而不是在群里问别的家长吧。那么这些问题为什么会由家长来问呢?可能一种情况是孩子自己不清楚让家长帮忙问,另一种情况是家长太热心,生怕孩子做不好。如果是第一种情况,那也应该让孩子自己去问老师或同学而不是由家长越俎代庖;如果是第二种情况,家长就要警醒了,孩子已经长大成人,不管他做得好与不好,未来的生活由他自己掌控,做父母的只能远观,给建议、给指导,而不是在千里之外还想着怎么选课的事。

其实孩子离家在外,真正要父母操心并关注的不是这些衣食住行,而是影响他学习与生活的心理问题和行为习惯。

一位朋友某天打来电话,原来他的孩子就在奇爸的大学上学,孩子刚上大学就屡次考试不及格,问学院的老师,对方也很诧异,这题并不是很难啊,怎么会呢?那就找个老师给辅导吧,反正还有时间。孩子说不用,自己可以的。结果补考成绩一出来,客观题30分得了21分,主观题全部空白。一学期过去了,朋友又打来电话,这次问题更严重了,几乎全部考试挂科。奇爸建议去看下心理医生,结果确诊是焦虑症。孩子的父母都是老师，父母与孩子的关系看起来也非常融洽，屡屡在朋友圈里看到妈妈晒的家庭温馨画面。

也许是我们做父母的只注重自己的感受，忽略了孩子真正的问题。同在一个城市里生活，孩子看似一切正常，实则不然。出了这么严重的问题，父母居然没有察觉，内心一定也是充满了震惊与愧疚。

大一第一学期期末，与一位朋友聊天谈到孩子的成绩，他说成绩不理想，我问孩子怎么说的。他说孩子不清楚他已经知道成绩了，因为他是当黑客进到学籍系统里查看成绩的。当时我心内也惴惴然，不知道奇奇会如何对待大学第一次考试。第二天奇奇就在家群里将出来的成绩全部报告了，并且分析了一下哪些课程他觉得是弱项，哪些成绩自己还有疑点，于是老妈心内释然。

奇奇平时很少主动联系我们，一次与同学去附近城市游玩，只是发了一张照片，就杳无音信了，第二天才说出门花钱多了，申请报销。我事后专门与他沟通，要钱可以，应该提前申请。

但是只要涉及选课、参加社团、学科成绩等方面的问题时，奇奇还是会主动与我们进行沟通。

我想也许是因为我们一直比较少在学习方面给他太大的压力吧。

在中学时有一次谈到父母对成绩的看法,他说,你们与别的父母真的不同,一般情况下考得不好你们不会说什么,反而是考好了话还多。

另一方面,在面对他感觉比较重要的事情上,例如选课与上社团等方面,也许我们的意见在他看来比较专业中听吧。反而面对他的生活方面,他总是一口一个自己能处理,几乎不想主动提及。

每一位父母面对孩子的长成,都有一种渐行渐远的感觉。家有男孩,更要面对的现实就是长大成人之后,男孩很难像女孩那样细致耐心地对待父母。为母如我,接受现状,但我希望能与儿子始终保持亲密交流,始终能让儿子愿意与我分享他的所思所想、酸甜苦辣。

写于2018年1月,改于2019年5月

我就是独一无二

有一个测验要求父母写出孩子的十个优点,结果很多家长写到一半就写不下去了。在他们心里,只有"别人家的孩子"才有那么多的优点,自己的孩子总是有那么多的不如意。

我在带奇奇的过程中,也曾经有过这个误区,此刻看他天真活泼可爱伶俐,彼刻看他调皮捣蛋胡搅蛮缠。小学时也曾经想学教育书中的赞美技巧,结果奇奇根本不吃这一套,说得不到位,起不到作用;说过了吧,他会说:"我哪有你说的那么好?"有一次,一个晚上五个单词背不会,顺着检查对了,倒着检查又错了,当时真是绝望,气不过说了一句:"我小时候真没让你姥姥姥爷操心过学习。"结果人家立刻回一句:"我又没你那么优秀。"得,软硬不吃啊。

怎么办?没有别的办法,这是我的孩子,我相信他本性善良,天资尚可,只是这一块璞玉还需要仔细琢磨。

首先挖掘奇奇的优势，让他相信自己的能力，树立自信。然而从小到大，屈指数来，似乎真没有发现他在哪一方面天赋异禀。

但是有一点，奇奇特别喜欢玩，尤其喜欢呼朋唤友到家里来玩，家里经常就是男生俱乐部。小学时期，有一天，打开几个小朋友在一起玩的房门，屋里弥漫着一股奶香味，那瞬间，所谓乳臭未干的说法了然于心。上初中后，奇奇依然要将男生俱乐部开下去，但是有一个问题："妈妈，初中同学跟小学不一样，他们不喜欢跟家长见面。"得令，我们立刻知趣地在同学到来之前躲出去。当然，慢慢地，常来的同学也就习惯了，我们也不必次次都躲出去了。有时为了组织人多的活动，奇奇需要煞费苦心地策划，客厅几个人，可以玩X-BOX，其他的人到房间，可以玩掌上游戏机，还有扑克牌等，保证每个人都不落单。有一次，奇奇去参加了其他同学组织的户外活动，回来总结，组织得不好，因为没有让每个人都尽兴。

从初中到高中，每到节假日，奇奇总能召集几个同学到家里来玩。要知道这是很不容易的：很多同学在业余是要上辅导班的，而且，我们家离学校有近十公里，同学大多住在离学校近的地方，往往来一次就需要近一个小时，坐公交车没有直达，还要走一站路才能到家。奇奇经常要从公交车站接上同学，最后再把他们送走。有一次我很好奇，为什么奇奇从不去别人家玩,却喜欢把别人召集到我家里来玩?结果,他回答得振振有词:"你以为所有的家长都跟你们一样开明吗?"

有人可能会以为奇奇从小是班干部。非也。打从幼儿园起,奇奇就基本是小团伙里的"老二"。上幼儿园时,他们几个爱玩的孩子是一拨,其中有一个很瘦小但机敏的小朋友是他们的"老大",后来"老大"搬走了,老妈想这下"老二"可以当"老大"了吧?错了,他依然是"老二","老三"当了"老大"了。

小学低年级时,奇奇几乎没有当过什么小干部。那时班里的干部很多,有小组长、值周班长,还有各科课代表,一学期下来,几乎就轮个遍。可是奇奇一直与此无缘。

到二年级时,有天老师问大家:"还有谁没有当过干部的?"举手的人中就有奇奇,就这样,奇奇平淡无奇地当上了小干部。

四年级,换了班主任,老妈决定主动出击,找班主任谈谈。恰好这位班主任跟奇奇的钢琴老师私交甚好,在双重作用下,老师任命奇奇当了劳动委员。

接受任命的奇奇从此开始了长达九年的劳动委员生涯。劳动委员在班里是一个很辛苦的角色,当劳委的辛苦在于要比别人早到,比别人晚走。简单地说,就是管理班级卫生责任区。小学校有个院子,所以每个班既负责打扫教室,还要负责院里的责任区。班里有两个劳动委员，一男一女，女劳委负责管理教室，男劳委负责管理院子。奇奇画了一张图，上面是他们班的卫生区图样，然后分成若干份，分别落实给相应的值日生。这一招十分奏效，奇奇说这其实是他跟前任劳委学习的，那个劳委转学到别处去了。他再没有见到那个同学，但是这个方法让他永远记下了那个同学。后来班里又多了一个管院子的劳委，意味着奇奇可以不必每天早去晚回了。可是，不是这样，他去得更早了，他说："我是一个负责任的人，我必须比他到得早。"我后来在其他同学的作文里曾见到过他们眼中的奇劳委，那是一个负责、勤勉、尽职的形象。

初中第一周，班主任问同学们在小学谁当过班干部，奇奇顺理成章地当了初中三年劳委。中学课程加重了，奇奇每天要晚回半小时，三年如一日。这期间，劳委的难度加大了。班里有一些同学不值日，一下课就跑，奇奇跟他们比脚力，把他们从校门口追回来。对不值日的同学，一开始奇奇代劳了，可这却助长了那些孩子们的恶习，干脆不做值日。奇奇想办法，罚，一次不做值日，继续轮下去，有的同学不干了，特别是那些号称有课外任务的同学，说你凭什么罚我？奇奇回答了："就凭我是劳委。"

初中与小学阶段最大的一个不同是在小学，学校把你当小孩对待，老师耐心而周到，而一到初中，老师把你当成人。小学的班干部，老师会亲自给布置一些任务，到了初中，老师要求班干部必须对班级的日常杂事自己负责处理。

有一天奇奇回家要一个金属小盒子，我问干什么用，他说班里的粉笔盒坏了，老师批评了他："你干什么吃的，粉笔盒都破成这样了你也不准备？"我乐了："那么多班干部，为什么只点你的名啊？""谁知道啊，也许老师就觉得这事应该我干吧。"好嘛，从这以后，不但粉笔盒，班里的扫把、垃圾盘、垃圾袋都成了他要准备的了。不是有班费吗？班里买的这些工具也许是统一配备的吧，不好用。同学们扔来扔去，很快就坏了，还不如自己去买个结实点的，好用，也方便大家快速做值日。

初一时他这个劳委碰到的问题很多，我经常会在回家的路上与奇奇谈论他当劳委的经历，问他碰到问题如何处理，棘手的问题我们一起分析。我问他平时去不去跟老师汇报一下班集情况，他说老师那么忙的，哪有时间管你这事？再说了，老师只关心你是不是把问题解决了，至于怎么解决的，那不是他关心的事。我惊呆了，我处于青春期的孩子已经能这么老练地处理问题了，俨然一个职场达人的心态嘛。

高一入学前一周是军训，其间，奇奇游说了同宿舍的同学选举他当劳委。我的儿子乐此不疲，并且越干越上瘾。高中的劳委果然比初中要容易得多，一大半原因是这里再没有那些偷奸耍滑不做值日的同学了，奇劳委的担子明显轻了不少，他只需解决主要问题。这期间,奇奇随身的小袋子里永远有一包垃圾袋,方便随时给大家分发。有一次上开放课,我到学校观摩,课间休息,但见奇奇跟两个同学一个倒垃圾,一个擦门框,动作娴熟而利索。

上了高中,学校有很多的社团组织,奇奇甄选了JA社团,是一个学生创业社团。原因有两个,一来JA是一个国际化社团,第二当然是受老妈的影响。在初中阶段每个假期的实习中,奇奇都要组织一帮人去我工作的众创空间实习。

但是加入JA有一个要求,十人左右的团员要组成一个公司,其中必须有一个人去参加经济学课程的培训,而参加培训的时间与学科竞赛的时间正好冲突,这就意味着如果参加培训就不能报学科竞赛,对于进入重点高中希望借竞赛获得自招机会的同学来说,这的确是个两难选择。

奇奇毫不犹豫就报名了培训。

他说总得有人去培训。

组建学生公司需要一系列的案头工作,譬如章程的制定、组织架构的梳理,这些事情奇奇一个人承担了。

然而在确定职务人选时,他选择了行政人事副总裁兼出纳。副总裁的角色俨然与他当"老二"的诉求不谋而合,至于出纳,总得有人管钱嘛。

他那位当总裁的同学与他非常默契,平日里组织开会、内部人员管理、业务规划都是奇奇的拿手菜。那位总裁发挥了自己的外交谋略，与校内校外达成战略合作，获得了很多来自校方的支持，总裁同时擅长营销谋略，积极去外联一些合作的工厂；至于平时嘛，总裁总是在关键时刻出面，解决一些"老二"总裁无法解决的棘手问题。我与奇奇分析，为什么这种时候总裁可以一言九鼎呢？他说总裁有担当，可以迅速解决问题。可以说他们俩的合作真是取长补短，我想这种合作关系在人生中也没有很多次，期待着他们在未来的生涯中还会有这样默契的合作，或者再遇到这样默契的合作搭档。

他们公司的名称叫CORONET，是皇冠的意思，所以LOGO（徽标）就是一个皇冠。小小的一个公司，单靠着每周课间的短暂时间，在组建一个月就完成了公司网站的设计发布和第一批产品设计。他们从网上买来彩色的填充液体和各种各样的小玻璃瓶，然后用注射器把液体注到瓶内，在网上开卖，居然有外校的同学也来订购。之后他们设计了第二款产品，是把学校一位美术老师的画作印制到笔记本上。那一年，奇奇异常忙碌，忙于高中的学业，忙于各种阅读，忙于公司事务。临近一周年时，学校组织了一次JA社团的产品供销会，时间在午餐时间，那一天，他们把积压的产品都卖出去了。奇奇说，当时忙乱极了，因为很多现场问题都是突发而至，完全没有预料。他们兴奋、忙乱、收获满满。

很快高一结束,经营一年,略有盈余,公司团队集体去乐华城度过了愉快的一天。进入高二,由于学业忙碌,公司事务无法继续,奇奇给大家清算了账务,公司正式解散。

组织同学聚会、当劳委、JA社团的创业经历,初见奇奇本性与特点,他也从中找到了自己的定位。

一个人一旦对自己有了定位,后面的一切就顺理成章了。一进大学,奇奇一下子加入了两个社团,忙碌得常常没有时间与我们联系。但是看着孩子在短暂的假日回来还忙着给下一级同学做辅导,跟社团同学开会,写策划案,我们只有欣慰的份。

想发现孩子的优点,有一点特别值得注意,那就是不能总站在高处俯视孩子,总认为我们处处比他强,如果这样,怎么可能会发现他的优点呢?所以,角度非常重要。

有一次,我试着跟还在小学阶段的奇奇谈起另一个小孩的事情,希望他站在同龄人的角度谈谈看法。结果令我吃惊的事情发生了,奇奇客观理性地分析了问题,给出了解决建议,其分析缜密远超我想象。从这以后,我经常跟他谈论周围的一些事情,工作中的问题,社会上的现象。我和他一起分享单位新入职的大学毕业生的情况,他们中有的非常优秀,包括为人处世都很老到;有的却让人担忧。比如一位新入职的网络工程专业本科生,居然无法完成一个照片编辑检索系统,他这四年到底是如何过的？

我跟奇奇讨论这些问题，他很喜欢听我讲工作中的一些事情，也跟我一起分析其中的缘由。高中一位老师的孩子毕业找工作，我把他的简历与我外甥女的简历让奇奇看，他们都是应届毕业生，那个孩子的简历只有多半页，简单而干净，外甥女的简历经过我指导修改，近三页，列举了在校期间的实习、业余爱好以及其他活动。我跟奇奇说："这就是你之前问我没有经验的大学生们找工作时单位是如何判定的一个依据。"他指出了两者之间的区别："前面的简历太简单了，看不出来这个同学的学习成绩与学科特点，尤其是对于自己的评价，很像中学生做的品德鉴定，全面但没有任何特点。后面的这份简历一看就是个能积极参加活动而且有特长的人。"于是他也给自己做了预期，上大学后除了好好学习外一定要积极参加社团活动，发展一些兴趣爱好，让自己将来的工作简历不要那么苍白。

让孩子与自己平等相处，需要让他感受到自己的力量与父母的诚意。奇奇上初中后，我决心再次使用"赞美"这一被过来人视为教育宝典的方法。首先从示弱开始，我跟奇奇诚心地交流："你现在跳绳的水平比你爸爸那个时候要强很多。"其实奇奇小学阶段的跳绳水平很低，初一需要恶补是因为这是考试项目。

"奇奇，你在数理化方面的领悟能力比我强多了，我高一时被化学的溶液部分搞得糊里糊涂的,还有电磁定律,一直没有掌握好,所以我学了文科。"

也许这种主动在孩子面前表明爸爸妈妈其实在很多方面不如他的方式激发了孩子的力量,抑或是父母这种低姿态的角度反而有助于看清孩子的优点。他思维缜密、逻辑清楚、看待问题客观,宽厚、乐观、豁达,总是能为他人着想。

初一时,某天听一位家长说班主任经常在班上骂学生,我一惊,想着奇奇天性敏感,会不会因为老师的责骂无法承受呢?问及,他说:"没有啊,老师是有时候脾气不好,会跟我们发脾气,但是入学之初他就说了,我如果哪一天骂你们,说的话不好听,你们不必介意,因为我那时说的全是气话。"看来,倒真是家长们多心了。

有时家长对于学校的种种变化确实会反应过度,可能因这一代都是独生子女吧,个个都是父母的掌上明珠,可是当一个个"明珠"面对外面的世界时,就都成为芸芸众生,身为父母迟早要面对自己的掌上明珠在别人那里遭受冷遇。我的孩子从小就似乎适应了这一点,淡定地对待外界,不争、不急、不计较。

初二时,有次跟我提到班里那些家庭优越但不思进取的同学,说:"也许有一天,他们也会做出令你吃惊的了不起的事,所以也不能一律把他们看低。"可能是从小学开始就不是尖子生,奇奇进入初三之后,虽然成绩一路攀升,但反对把自己当作学霸，非常理解那些成绩不好的同学。

高考后同学们结伴一起回到初中，被老师拉去初三做励志报告，有位同学是估分最高的，直率地拍着奇奇的肩膀说："我是第一，你是第二。"那天做报告一个人用掉了一半时间。成绩出来，那位同学估分失误了很多，我正要说什么，奇奇制止了我："妈，他尽力了。"

初二的时候一位老师跟我说奇奇的性格不够外向积极主动，与当今社会的主流文化略显不同。当时我也觉得很遗憾，也总想方设法给他各种隐喻与示例，他总是淡淡地说，我跟别人不一样。

时间久了，我越来越欣赏他的这种淡然，在如此物欲横流、注重功利的现代社会，能够始终坚守一份自己的恬淡何尝不是一种稀缺品格呢？

上大学后的第一个母亲节，在我的要求下他送给我一份礼物：一封信。对于他观察到的我正在学英语以及重新定位人生价值给出了自己的建议。初看真令老妈好笑，十八岁的儿子在给四十八岁的母亲分享自己在上述两方面的经验。转而一想，这是多么珍贵的礼物啊！有多少年轻的孩子愿意一本正经地给父母讲授自己在人生价值方面的认知与思考呢？

写于2018年1月，改于2019年5月

职场妈妈的陪伴

我有位大学同学,孩子在初二时才正式上了学,之前全部是家庭教育,由妈妈和奶奶当老师。我的同学在有了孩子后全身心地投入到了家庭教育中,为此调整了工作,只为方便带孩子。她将孩子的教育当成了事业来做,为此,她专门研究了一些方法,例如诗歌教育带来的儿童启智等。显然,我们大部分人是做不到这一点的。一些放弃工作专门陪读的妈妈们能够做到的也不过是解决孩子的生活起居问题。

母亲是女性颇为重要的一个身份,对于在职场打拼的妈妈们来说,既要保持职场上的"白骨精"地位,又要做到尽职尽责的好妈妈,还想让自己的生活品质不发生大的滑坡,还真有些难如上天。

于是妈妈们在一起的苦水倒不完。

苦水一,没有太多时间陪孩子,对孩子心存愧疚。我是休了三个半月产假后回到工作岗位上的,当时心情很纠结,新妈妈母性泛滥,对整日能够与孩子待在一起的高奶奶十分羡慕。周末出去休闲逛街,眼前总是孩子可怜巴巴的眼神,于是兴趣全无,赶紧往家里赶。奇奇上幼儿园正逢我出差,本想跟客户好好沟通一下送孩子入园后再去,但无果,只好牙一咬拎着行李包出发了。一周后回来早上去送奇奇,路上他兴奋地不断跟人说:"今天妈妈要来接我。"听得我心内一阵酸楚。后来想自己的工作就是如此,假设换位为全职妈妈,自己是否会心甘情愿呢?回答是否定的。既然如此,何不收拾起自己的内疚心情,在能够陪伴孩子的时候给他全身心的最高质量的陪伴,而不是在与孩子一起时还在聊电话、玩手机。

苦水二,自己的时间与心力全部被孩子占据,生活质量严重下降。孩子在幼儿时期对妈妈的需求很高,特别是哺乳期,妈妈们没有了自己的时间与空间。在给奇奇喂奶中的有段时间,晚上不到两个小时醒一次,那时真是无奈得想哭。十个月后的断奶期,因为没有多余的房间,我们只能在一个房间睡觉,只是让奇爸挨着孩子的小床。半夜饿得哇哇直哭的孩子拒绝吃别的东西,他在那边哭,我在这边哭,还不能哭出声让孩子听见。

奇奇十三个月时奇爸单位同事一起去山东旅游九天,我很纠结,到底要不要去?内心里十分想去,然而如何面对小儿呢？后来心一横，回家与高奶奶商量，明理的高奶奶十分支持，年轻的父母就有了孩子出生后的第一次轻松旅游。出行前，我给冰箱里储备了足够的包子、饺子等速食用品，还给同在一个城市的侄子打好招呼，周末过来接应一下，让奶奶能有个洗澡的时间。虽然此举后来遭到了两家老人的一致谴责，但是，至此之后坚定了我们一定要把自己生活也过精彩的想法。

苦水三，孩子调皮捣蛋令人头疼。奇奇小时候不属于听话乖巧的孩子，第一次去上亲子课，别的孩子老老实实坐在那儿听老师讲，他到处转悠，我从此再没让他去上过任何亲子班。在外面吃饭，我们通常各点各的菜，谁的菜上来谁先吃，另一个负责照顾满地乱跑的奇奇。七岁时与单位同事一起去旅游，同行的还有两个小孩，多年以后，一位同事回忆说，那两个孩子的印象早已模糊，但对奇奇的记忆却异常深刻，因为他几乎没有安静的时候。

孩子是不能比较的。当我第一次看到别的孩子可以乖乖地跟着妈妈逛几个小时商场时实在吃惊不已，如果我们带奇奇出去，就必须以他为主，否则他到商场就一个目的，上上下下坐扶梯，一旦离开，就撕心裂肺地哭。所以，干脆就别两头兼顾。另外，在家里，除了热水、电以及火不许碰外，其他的没有什么禁忌。只要他没有做什么危险有害的事，就都不算啥事。

苦水四，孩子成绩不好让人发愁。奇奇上小学时，最好的一次成绩是在四年级考了班里第四名，结果他自己都不敢相信，反复说，是不是班里的好学生都失误了？持有放养态度的我每次看着孩子的卷子，都觉得没啥呀，错误不过就是把2写成7，把加号看成减号。后来孩子上初中后我才明白，其实这不叫粗心，这叫没有细心的能力。成绩不好只是表象，本质问题是什么，才是我们应该关心的。奇奇上初一时成绩平平，第一次考试，普通班里第十四名，年级排名近八百名，小孩居然欢天喜地地跟我说，妈，这是我考得最好的成绩了。那时我意识到，奇奇最大的问题就是缺乏进取争优的心态，如果他一直没有内在动力去当一个好学生，无论我多么努力都无济于事。很多家长在这种情况下会选择去上辅导班，于是从一个班上到几个班，最后孩子全部的业余时间都被用来上辅导班。奇奇初二时上了一段时间的数学一对一辅导，那是与他商量之后的结果，因为当时学的方程有些吃力，通过老师一对一辅导，解决了这个阶段的问题。上高中后有时候看他的成绩总是提不起来，问他要不要上辅导班，他说不用，因为清楚自己的问题在哪里，只是需要有一段时间来自我提升。做父母的在学习上无法包办，也无法替他拿主意，只能是找到学习中存在的问题，然后寻找真正可以解决问题的渠道与办法，这其中上辅导班并不是最佳选择。很多辅导班通过多做题、提前学习在短期内提高了成绩,但由于花时间上辅导班,自己反而没有时间检查学习中真正存在的问题以及留出时间让自己解决问题,到了真正大考的时候,问题就会暴露无遗。

苦水五,白天当职场"白骨精",晚上夜班当家庭教师。对玩心重的或是一心只关心自己工作的爸爸无可奈何,家庭战争不断,为此引发与上一代爷爷奶奶以及姥姥姥爷之间的冲突与矛盾。很遗憾,我没有福气享受到上一代家人给自己带孩子的福利,只在奇奇刚出生时姥姥从老家前来帮忙度过了四十多天。因为两家老人年龄都偏大,所以早在奇奇出生前我就已经请好了住家保姆,这位尽责的高奶奶一直将奇奇带到幼儿园,之后我又请了几位保姆,其中一位后来在家里一直做了七年,直至奇奇快上中学。这位被我称为五星级保姆的阿姨是我从家政市场请来的:高中毕业,热爱学习,对孩子有爱心。

曾经有人问我,你们家孩子上学了,奇奇爸爸也不需坐班,为什么还要找个住家保姆呢?为了给我腾出更多的时间啊!我不需要再为买菜、做饭、洗衣、打扫卫生等家务事烦心,家庭也不需要为此发生纷争,这真的是解决职业女性困扰的一大妙招呢。业余我就可以有更多的时间与孩子相处,一心一意陪他。当然代价是由于保姆在家务方面的水平无法达到自己的理想标准,为了得到自己想要的,就必须降低在卫生、饭菜等方面的标准。

苦水六，家庭和工作之间出现冲突很难做取舍。奇奇上初中时要天天接送，而我的工作很忙，没法按时接。学校对面有一个肯德基，儿子经常会接到我的短信：妈妈开会，你先到肯德基做作业等我。中考那一年我忙得几乎没有正常的休息日，更别提关注他的学业了，但是如果你心里有重点就一定会做好几方面的平衡。因为有初一初二的付出，奇奇在初三时进入了一个自律学习的良性状态，我的放手反而成就了他轻松应考。高三那年，我没有过分焦虑很大程度上也是因为有繁忙的工作需要去应对，分了一部分精力。

常常看到那些成功人士在重要场合总是在对自己的亲人致歉，比如没有时间陪伴家人，错过了孩子的重要成长阶段。然而再给他们一次机会的话，也许他们依然做的是当初的选择。

孩子不会总活在童话世界里，他迟早都要面对现实。面对妈妈因为加班忘记了自己的圣诞礼物，面对爸爸长年出差，经常不能陪自己玩。他接受到的现实是，爸爸妈妈都是对工作负责任的人，因为这种负责，常常不能按时接自己，常常在自己的重要时刻没有出现。彼时，他会渐渐认识到什么是工作。

回顾奇奇成长的过程，在他幼儿园与小学阶段，我没有过高的要求，在选择学校、班级与老师等方面，都顺其自然。也许是幸运吧，他所在的班级，一直属于年级里布置作业最少的，奇奇健康快乐轻松地成长。我也属于较懒惰的妈妈，在选择一些兴趣班的时候本着就近原则，不需大人花费太多时间去接送。我希望给孩子呈现的童年是无忧无虑的，而陪伴他成长的我们也不必煞费苦心。

一直到初中之后，我才开始专门抽出精力与时间研究我的孩子，研究他的学习习惯与行为，希望在青春期的关键时刻帮助孩子走出中等生的现状。

初一开始，我每天早送晚接，每晚陪他做作业，检查学习中的问题，放学路上半小时时间母子俩聊天交流，解决心理问题。那时正是孩子处于青春逆反期的时候，口头交流不充分，效果不好，我就开始用书面形式交流。初中三年，我写了三万多字给儿子。内容包括学习态度及方法、励志、为人处世、青春期话题、世界观等等。

母亲与孩子之间天然的亲密决定了母子之间情感的独特性，而一个有事业心、对待工作认真勤奋、对待生活智慧豁达的母亲对于孩子的影响更是无可比拟的。奇奇初三时，正是我工作最忙的时候，常常是接上儿子就去加班，跟着我一起吃工作餐，我在这边开会，他在那边做作业。到高一时，他居然主动要求我每天放学接了他继续到我们众创空间去做作业。晚上我们十点半离开的时候，还有不少创业者在工作，他亲眼看见成人的世界也是如此勤奋与努力，这对他也是一种很好的教育。

父母对工作的认真与勤勉会反过来影响孩子。高三学校要求每天晚自习要一个家长值班,我跟儿子说我们去报名吧,他说"你那么忙的,哪里有时间?"我说:"这是一个高三家长应尽的义务。"有时候如果我接他时等的时间长一些,他就会一见面连连道歉,因为他知道我的时间很紧张。

在陪伴孩子成长的过程中,我们自己也是收获颇丰的。有一次开车回家在院里碰到对面开来的车不肯让道,我就按喇叭,儿子说:"妈,你着什么急?咱们已经到家了呀。"在饭店吃饭,碰到一个明显是新来的业务不熟悉的接待员,我想说话时,儿子用眼色制止了我,回头说:"妈,人家做工作也不容易呀。"这是我从自己小孩身上学到的东西,把它用在工作当中也有很多好处。有时候我们在工作中会对下属有不满,发脾气,或者严重了辞退他,对于同事以及客户的理解与忍耐度也不够;但是对于孩子,无论他做什么,你都只能接受,不抛弃、不放弃,所以对孩子的容忍与接纳反过来促进了自己对工作中不完美的接纳。

初一第一学期,某天,由于错调了闹钟,导致起床晚了,一路上,我很自责,不停地说话,他倒是沉稳,一言不发。快到了,我问他你怎么跟老师解释今天的事呢?他说:"一个从不迟到的人第一次迟到了,老师肯定会理解是有原因的啊。"一句话令我释然。其实想想工作中何尝不是如此呢?

女性对自己斜杠身份的选择与定位决定了你的价值取向，每一个角色的扮演都是修炼和挖掘自己的过程。只要你心里有重点，就能做好各方面的平衡。

有人会说，这样太辛苦了，我只能做好一种角色，那也很好啊，如果你喜欢相夫教子，你就不会觉得当家庭主妇无聊；如果你选择全身心投入工作，那么放弃家庭天伦之乐你就不会觉得难受。大部分热爱家庭的职场女性，会智慧地调配这二者的平衡。我当年读工商管理硕士时班里的很多同学正是孩子刚上幼儿园的时候，有一天老师突然因故取消了下午的课程，第二天来校一交流，发现女同学都在那个休息的下午带孩子去逛公园了。

热爱会让你将一切完美平衡。

2019年5月

守护精灵的爸爸

在奇奇的作文中,对爸爸的定位是"默默的守望者"。其实更多的时候,爸爸并不那么"默默"。

奇奇生在六月初,那天天空下着小雨。妈妈觉得属龙的携雨而来寓意很好。当晚新生儿一直在啼哭,姥姥后来说,是因为爸爸给奇奇盖得太单薄,她要加厚,爸爸总要再揭下来。姥姥的理由是孩子刚刚从肚子里出来,不能适应外界的温度,所以需要包裹严实。后来爸爸经过反思,觉得姥姥的话有道理,从此每当听说别人家生孩子,都告诉他们出生第一天一定要把孩子包裹严实。

奇奇出生七天后从医院回到家,面临的第一个问题是如何洗澡。姥姥对如此小的婴儿要洗澡这件事还是有点发怵的,说那就不洗了吧。爸爸很坚决,不行,在医院是天天要洗的。妈妈当时因为剖腹产刀口未愈合只能躺在床上,且每天都要去医院换药,自然帮不上任何忙。那么好吧,就爸爸一个人来搞定。他找了个新生儿洗澡的视频看了之后就跟姥姥实践去了,澡盆里放好温水,用胳膊肘测试水温后,将奇奇放入澡盆,结果发现孩子表现得很惊慌,哭了起来,赶紧慌慌张张洗完后包起来送回床上。事后总结得出结论,在医院可能并没有让孩子完全浸泡到水里洗澡,因为奇奇入水后表现得完全不像天天洗澡那么适应。果然多年后在医院看到过给婴儿只是擦洗,并没有放入澡盆。

半岁之后,奇奇的后脑勺就不长头发了,医生说是缺钙,需要多晒太阳。那时正是冬天,爸爸想了个办法,把窗户打开,光着腿晒太阳,结果奇奇给冻感冒了。

七岁时奇奇报了游泳班,三天后教练说你儿子就是不下水。晚上回来,爸爸在浴缸里训练奇奇适应水性,妈妈只听到奇奇在卫生间哭了半个多小时,第二天早晨起来发烧了,游泳班自然没法去上了。后来还是十二岁时去美国跟着一群孩子直接下水玩会的。

爸爸有一句名言被妈妈广泛送给别的有孩子的家庭:孩子是寄养在你家的精灵,不是父母的私有财产。爸爸对于奇奇的期望很简单:"在我有生之年希望奇奇健康、快乐。"妈妈笑着说你的期望也太低了吧。

期望低就不会给自己带来那么多束缚。比如,妈妈要求爸爸以身作则,在吃饭时不看电视。爸爸拒绝,而且反问:"为什么我要因为自己的儿子改变行为?那些从小吃饭时不看电视的人长大后真的也这样做到了吗?"

不过,爸爸对待精灵还是蛮认真的,尤其是涉及安全等重要问题,毫不放松。为了让奇奇了解热水、火与刀具的危害性,让年幼的奇奇亲自体验了一遍,这种体验的记忆之深,让奇奇到了中学还深深惧怕。一次煮方便面时爸爸发现奇奇畏缩不前,直接痛打一番,但是其良苦用心奇奇还是领会了。因为过两天爸爸问:"我把你打疼了没?"这个情节后来被奇奇写进了作文里。

新买了自行车回来,第一件重要的事就是训练奇奇刹闸。刚开始练习轮滑,爸爸要求头盔、护具全套都戴上,正是夏季时分,孩子十分抗拒,然而爸爸态度也十分坚决,毫无商量的余地。

除此之外,对待精灵,爸爸坚持采取宽松式引导,从不步步紧逼。上初中后,妈妈对奇奇的教育给予了高度关注,因此引发的矛盾与冲突不断。为此,爸爸甚至还郑重地给妈妈写了一封信:

> 孩子一天天大了,我希望他能成长,而不是在妈妈怀里的宝宝。我一直认为奇奇基本算听话的孩子,许多事情做得算不错,大多事情也能说到做

到。在游戏等事情上,孩子有想法也很正常,毕竟学习是一件很苦的事情,人也需要一些另外的东西来放松填充自己。学习的动力,一方面来自压力,另外一方面来自学校家庭环境下的奖励和激励。从成长的角度说,只学习的孩子也绝对不是一个正常完美的孩子。现在这个年龄是孩子的成长期,孩子的性格在慢慢形成,我不想他在高压下长成一个唯唯诺诺、只是听话的青年,这不是我喜欢的孩子。奇奇的闯劲本来就不足,大人如果再强势压迫,形成一种强压下讨好大人或者老师的献媚心态,我认为这样不利于孩子的成长。学习的成长,是一个综合的因素,绝对不是单纯的学习,重要的是开窍,开窍这一类的事情,很少能在高压的学习环境下发生,更多的是在生活等其他放松的环境下,才会放松和思考,才能有大进步,一个整天忙于做作业、背书的学生,我绝对不相信他会有多大出息。

　　一直以来我想的是,给孩子留一些成长的空间,大人可以引导,但不要干涉太多,只有孩子自己想明白的,认识到的,最后才会形成奠定他人生成长的基础。别人说得再好,也终究是别人的东西,世界上成功经验有很多,条条大路通罗马,但只有自己的路才是真正的路，否则蓝图再好都是一张美丽的图画。成长中经历的事情，需要他自己去感受，自己去做。我们本身就不完美，我们按照自己的想法和思路也只成为现在的样子，孩子按照我们说的做，岂不是最好也就做到我们这样？我们对自己真的有那么满意吗？

世上成功的方法有那么多，但为何世界上成功者总是少数？重要的是自己的领悟，是如何结合自己能做到的，制定切实的目标，进行可行的实践。一本好的书会教育出千千万万的人，但他们一定各有不同，这正是教育与每个人结合后的成果。

孩子不小了，成长的过程需要批评，但是威逼的方式，我想尽量少一些，做不到的事情，不要把目标提得太高。

不玩游戏，好好做作业，不贪玩，只是想象中的事情。每个人需要平衡，不同的人平衡的方式不同，也许游戏就是孩子最重要的一种放松和平衡方式。

建立强烈的道德感，然后做不到就自悔，自我谴责，让孩子在玩的同时，又感到内疚、后悔，我不认为这是一种好的方式。经常为这个产生的矛盾、生气和冲突，远比游戏本身占用的时间更长。

男生的成长，需要一些阳刚，也需要一些宽容，你仔细想想，人成长过程中，真正成为力量的是宽厚，不是严厉，人也大多从中汲取营养。

我母亲很少批评我的学习，也很少管我的学习，只是过问一下，说一两句，但我能感觉到她的态度，是让我放心的成长。学习需要努力，但更需要兴趣，千万别是为了献媚家长和老师，取得一种认可，心理学中有个现象叫斯德哥尔摩综合征，我不想孩子出现类似情况，当然，现在也没那么严重，我说的是一种倾向。

孩子无意中提起过一句话：有一种冷，是你妈觉得你冷。我想改动一下，有一种好，是你妈觉得对你好。

男孩在成长过程中爸爸的角色非常重要，因为他们会用自己的方式示范什么是有力量与勇敢的男子汉。一岁多的奇奇晚上睡觉很难哄，妈妈常常费心费力三四十分钟还哄不好，最终常常是生气给两巴掌后就老实睡去了。让爸爸去哄，还不到五分钟就出来了，"咦，这么快就睡着了？"

"没有，我给他喊口号，我们是男子汉，我们要勇敢，我们自己睡。"

小时候的奇奇很恐高，一次去小雁塔，爸爸把害怕的奇奇抱到塔顶豁口处，吓得奇奇哇哇大哭。

关于煮方便面痛打奇奇的事情后来妈妈问爸爸，他的回答是我就是要打出他的血性，让他跟我对打。这种对打的情景后来在高二时发生了，妈妈去劝和还差点把自己的腿磕伤。结果事后奇奇居然跟妈妈说，我们都没有动真，因为我一示弱，爸爸就松手了。

不过爸爸对精灵成长的关键点还是高度关注、倾心投入的。五年级，奇奇参加全国航模锦标赛备赛期间，每天五点起床陪奇奇训练，晚上修理摔坏的航模飞机，一个月瘦了十多斤。在训练期间，自己琢磨出一套温氏掷飞机法，独特有效，让两位教练也赞叹不已。

奇奇十二岁，第一次跟学校游学团去美国。出发当天的航班在底特律转机到俄亥俄州晚点了两个多小时，爸爸登陆国外航空网站，一遍遍刷新航班信息，努力研究上面的英文信息，直到凌晨两点飞机落地后才安心休息。

奇奇十五岁前夕爸爸专门给成长中的精灵写了一封信，护犊之情，溢于纸上：

> 时光匆匆，不经意间，那个稚嫩的少年个子已经超过老爸，个性也鲜明起来，变得独立、自强、

自信，走向青年，走向成熟。

看着初三的你，独立地安排学习，逐步地解决生活和学习中存在的问题，克服很多困难。学习生活对你来说已经不再是负担，常常听到周围同事说起孩子学习如何如何艰辛，如何如何痛苦，却很少听你抱怨学习的压力和艰辛，只是到周末玩X-BOX放松一下。

能接受现状、不抱怨，积极地去学习，其实学习也就没那么艰辛。人的成长，就是要学会接受现实，然后找出不足和能改善的地方，逐步前进。对于这点老爸很欣慰，你不是一个喜欢抱怨的人。接受现实，提高自己，改善环境，这是一条持续之路，这样下去会一步步走向成功。

在老爸的认识中，你是一个坚韧的少年，许多事情虽然我和你妈妈劝说你，你口中答应，但你心里还是有自己的打算，大多还是坚持自己的想法，同时一般也不愿和我们出现正面冲突。

在许多事情上，老爸提出了和你不同的意见，其实更多的是提醒你做一件事情不同方面和角度存在的可能性，希望你能根据你的需要和想法去选择去决定。其实做事的方法有许多，条条大路通罗马，我能做的就是分析各种利弊，供你分析选择。很多事情没有所谓正确答案，只是个人的选择。社会发展到今天，生活逼迫人进行残酷选择的事情，越来越少，更多的是看自己个性和喜欢，选择自己的道路，为之奋斗，对于自己愿意的事情，过程的艰辛早就不是问题。

你的潜力还是很大的，平时的你喜欢稳步求胜。体育中考的早晨，我早早起来，对你考试中如何穿着犹豫起来，短裤有利于大腿的提起和膝盖的抬起，但缺少磕碰后对膝盖的保护，这样的考试，学生们都是很拼的，互相拥挤踩踏的事情也有耳闻，想着你为了中考体育，坚持锻炼付出的努力，老爸也下定决心，穿短裤，摔就摔。不幸言中，晚上你妈带着受伤的你回来，喊我帮你处理消毒，身上好几处伤口。你兴奋地告诉我，你在弯道中被挤倒，爬起来继续跑，长跑满分。用酒精给你消毒处理，看着你龇牙咧嘴但是兴奋的样子；老师微信分享的照片，考完试跛着腿走路的你，膝盖上血淋淋的；看着勇敢的你，老爸发觉你是有潜力的，不只是一个稳中求胜的少年，你还是一个勇敢的少年！勇敢的拼搏，你一定会在以后的道路上越来越成功！

随着成长，你会有更大的梦想，你会有你的雄心壮志，感情上也会有你这个年龄的烦恼，但老爸相信你能做好你自己，也能处理好出现的问题。待人以诚，待人以心，你会感受到生活的丰富多彩。成长的你需要情感，也需要更大的视野，更广阔的天地，面对即将进入高中的你，老爸想说，你是最优秀的，也能做到更优秀，五彩的生活等着你，更大的世界等着你。

　　老爸和老妈永远支持你！

让妈妈最为欣赏的是爸爸就是奇奇身边的一个活的大百科全书。

小时候奇奇每次去问爸爸一个问题，他总是可以旁征博引不到半个小时停不下来。家里什么东西坏了，爸爸这个全能修理工就上场了，虽然有时也会把瘸子治成瞎子，但是他不管什么问题都勇于尝试去解决的态度与习惯让奇奇每逢遇到问题时十分愿意去与爸爸商议。

家里饭桌上通常是爸爸这个百事通发布国际国内大事要情、网络潮流以及新鲜段子的主要阵地。爸爸对于各类事情总是有自己独特的看法，奇奇对此提出一些要求，比如尽量不让爸爸去学校，否则他会对老师与学校进行各种批评。

爸爸的独特理念对奇奇的要求也独特,虽然把他当精灵养,但在一些问题上还要按规矩来。比如奇奇因玩游戏超时,爸爸要求做出申请才答应他可以再次玩游戏。其实爸爸在电脑上已经悄悄安装了"绿坝"软件,可以监控到每次玩游戏的时间,但他从不据此揭短。还比如奇奇总是忘记关灯,爸爸要求做出书面检讨:

检讨书

因连续多次使用厕所或其他房间后未关灯,以此检讨自省。

此事之过有二。

一、未养成随手关灯的习惯。环境问题与资源问题频发的今日,节约资源是每个人都应养成的习惯,我作为班级的劳动委员,在家中却经常铺张浪费,不使用的房间的灯未关,洗澡浴缸里的水溢出也未及时关上,这些错误本身就是不应犯的。未能有一个节约资源的意识与习惯,这是我的过失之一。

二、多次提醒后仍未改正。即使家长多次提醒与警告,仍然没有改正。这说明我对此事本身就是心不在焉、不以为然的,于是多次提醒也未放在心上,才造成今日的后果。未能及时正视问题这是我的过失之二。

面对以上错误,我今日明白了问题所在及严重性。今日起,应当随时注意关灯、关水,并对家长的提醒予以重视,希望改正以上错误。

于今日写此检讨书,并做出保证:如再出现以上情况,停止一周的游戏时间。

望谅解。

奇奇(2016年8月30日)

2019年5月

对话"快乐人生"

爱好与学习之间的关系

最近几天,你开始烦躁了。是因为这两个月的坚持让你感到疲累了吗?确实,与过去相比,这两个月来,你的付出,你的坚持,真的是前所未有。特别是最近两周以来,你坚持天天在做完作业之余再进行额外的复习与学习,坚持阅读、背英语,妈妈看在眼里,喜在心里。

你烦躁了,这几天,对我说话的语气经常不耐烦,声调又高上去了。那晚,你偷偷地在被窝里玩玩具,你把掌上游戏机藏在枕头下,当时真的让我心里难受极了。在此之前,爸爸说你在偷玩,尤其是在睡下后,我不信,奇奇的诚实坦白是我一直引以为荣的,怎么可能这样?可实际情况看来就是如此。

你喜欢玩,以前我觉得这是小孩子的天性,如果一个小孩天天死气沉沉的，那是一件多么无趣的事。你喜欢玩沙子，喜欢玩拼插玩具，喜欢看漫画书，喜欢打游戏。这些爱好一直保持到现在。我喜欢看见你玩得不亦乐乎，喜欢看你一个人费心费力地捣鼓那些让我看了就眼晕的拼插件，喜欢听你讲从漫画书上看来的各种笑话与故事，尤其记得你八岁那年自己给漫画配音的场景。玩拼插，让你的空间想象力有了很好的提高，漫画让你对事物的本质有了直接的认识，而且培养了你简洁幽默的表达，特别是你经常会告诉我一些很深奥的知识，而这些均来源于漫画，妈妈由衷地感叹这些爱好对你成长的促进。电脑游戏就更不用说了，妈妈不止一次地告诉你，我以前在这方面是多么无知，而你仅凭着自己的直觉就可以准确无误地操作那些毫无关联的按钮。

可是与此同时，你的身心似乎被这些爱好填充得越来越满。还记得你的眼睛是怎么近视的吗？那一年你疯狂地爱上了漫画，坐着看、躺着看、趴着看，仅一个学期不到，你的眼睛就近视了；后来，你又迷上了游戏，稍有空闲，你便不可自控地要与游戏相联系。出外旅游，车上的时间你几乎全部用来打游戏，全然不注意外面精彩的风景；吃饭与等人的空闲，但凡有一分钟的空闲，你都用来做"手机电池杀手"，长时间紧盯电脑与手机屏幕，怎么可能不对眼睛造成损害？打游戏时，你的注意力高度集中，还记得那次我以为你发烧的事吗？

这几天，妈妈一直在想一个问题，所谓"玩物丧志"看来真的是有道理的。如果一件事情占用了你太多精力与时间，导致你不能全身心地去做你本来应该做的事情，而且经常让你产生欲罢不能的感觉，那这件事或这个爱好真的需要你再考虑一下了。

2012年11月

关于游戏的问题

期中考试之后，你不可控制地又沉浸于游戏中了。

记得之前告诉过你，我最担心的是你对游戏的依赖，游戏成为你释放压力、缓解情绪最好的方法，其作用与吸毒没什么两样。每次问你到一个陌生的地方怎么办时，你的回答都是只要有电脑就行。怎能不叫我担心？

上小学时，你是不玩游戏难受，玩了游戏更难受，很多时候，因为玩游戏，你跟我们闹得不可开交。我呢，每次涉及游戏的问题，都是再三斟酌，考虑措辞，生怕一不小心，影响了你的情绪。游戏已经成为横亘在你和我们之间的一道坎，说它高，也没那么高；但它永远在那儿，让我们之间因为它的存在而不得不小心翼翼。

上初中之后，我惊喜地看到，你不再一上车就伸手"手机", 在外吃饭, 也不再利用每一分钟, 只为玩手机; 学习的日子里, 你自觉地不再提手机的事。可是最近, 这一切又恢复了。你让我深深地担忧。孩子, 不可以让游戏控制你的心智。你每天做完作业, 可做的事很多, 看书, 看电视, 做运动, 或者就是跟我们聊聊天。可是因为有了游戏, 这一切都消失了, 但凡有多出来的时间你就会不由自主地往游戏上靠, 你的空闲时间几乎完全被游戏占领。

儿子, 一个人心智的成熟就在于他能否把握自己, 你要考虑游戏对于你到底是什么, 是不是就这样让它占领你的心智。

2012年11月

塞翁失马, 焉知非福

我又要提生物社团了, 不知现在是不是时候呢?

最初听说你要报生物社团, 还真挺佩服你的。这么有挑战性的活动你居然有如此大的兴趣（就如同妈妈不能理解你对概率有那么高的热情）, 我儿子真的是一个兴趣广泛而不俗的孩子!

可是与生物社团失之交臂, 关于这个问题, 爸爸和妈妈都跟你有过交流。我们在为你惋惜的同时, 纳闷为什么会这样?

当然你有理由。那天你说，在当时那种情况下你就只能做到那个程度。可是，我还是不理解，事先你已经有了足够的准备了呀。我理解的奋力为之一搏不知你怎么理解？如果这件事对你很重要，你就应该下全力去准备、行动、攻克。特别是当存在很强的竞争时，这些准备对你至关重要。

记得有一次你跟我说，因为考试时全力以赴很累，所以你平时都尽量保存实力。当时我真的是大为震惊，要知道这种事还真不是保存实力就可以到时候奋力一搏的，没有平时的积累，仅靠临阵抱佛脚，即使赢了也是侥幸。看孙杨游泳的时候大家都赞叹不已，可他的训练任务是每天游泳1万米，知道"梅花香自苦寒来"是什么意思了吧？

不过我今天要说的还不是这个意思，生物社团已然失之交臂了，可能并不是什么坏事，因为你获得了一次体育锻炼的机会。在妈妈看来，这个机会跟进入生物社团的重要性不分上下。因为你平时根本没有机会跟别人一起打球，一起锻炼。我就不说锻炼身体、强健体魄的重要性了，中考体育分是一个硬指标，也是一个近期目标。从长远来说，一个不热爱体育，不喜欢运动的男生，手无缚鸡之力，白面书生一个，绝对不会是时代的宠儿，也不会是符合国际化要求的青年形象。体育锻炼是一个集个人技巧与群体协作为一体的运动，对人的意志、体格都有很高的要求，通过体育锻炼凝聚而来的人的核心竞争力，是一个人一生受用不尽的财富。妈妈觉得如果你认真利用每周二的时间去参与，去锻炼，你的收获不会比参加生物社团少。

2012年12月

身体是"1"，其他都是"0"

昨晚你感冒那么难受，让你早早睡觉，你还问我要不要复习。那一刻，我觉得你真的从心底里已将每天复习当成了一个习惯。可是孩子，当身体不舒服，特别是有病的时候，一切都要向身体让步。我不想让你撑着病体上学，听课听不好，病也迁延不易治好。

说到身体，在我们那个年代，有一句话叫"身体是革命的本钱"，也许你无法理解什么是革命，但"留得青山在，不怕没柴烧"这句话你肯定是懂的，大意是相同的。如果把人一生的事业、家庭、财富、名利等等与身体加在一起，凑成一个数的话，身体就是最前面的那个"1"，而其他的都是跟在后面的"0"。试想想，如果没有这个"1"，就算有再多的"0"又有什么意义呢？

你现在还小，对身体健康的重要性认识还少。记得妈妈小时候感冒，晚上早点睡，一觉起来就不知道感冒是什么了。上大学时，我生了很重的病，不能上学，住到医院里，整天过着打针吃药的日子。那时正是春天,眼睁睁看着窗外的柳条慢慢抽枝发芽,长成绿绿的叶子,想着同学们都可以在太阳下踏青,那时觉得健康真是太重要了。

还记得你学跆拳道的原因吗?你从小瘦小,吃饭挑剔,上幼儿园时每隔两三个月,你就要生病一次,每次生病,都要去打吊针,打针的叔叔阿姨都认识你了。妈妈希望你有一个健康的身体,就报了跆拳道。后来四年的时间,你的身体一天天好起来了。特别是在不怕冷方面。感谢跆拳道让你有了一副看起来瘦弱但实际强健的身板。

今年开始你的身体有了明显的变化,这个阶段正是从童年向少年青年过渡的时期,你的骨骼、肌肉、筋腱都在发生着日新月异的变化。遗憾的是,四年级以后,跆拳道不练了,你身体的各项机能也就停留在了那个时候,所以必须得有一些新的方式来满足你身体的需要,为将来储存一些能量。少年时代形成的强健体魄,可以让你受用一生。

跑步、游泳、打球、爬山,这些都是让身体骨骼、肌肉、筋腱得到锻炼的好方法,特别是打球,不但要求个人有良好的身体平衡及协调技巧,而且要求有很好的团队协作精神,是一项男孩子们普遍喜欢的运动。在现在这样一个崇尚自然与健康的时代,瘦弱只能是病态的代名词,强健的体格代表着自然的健康美。妈妈以前也是一个不喜欢运动的人,但是近几年,明显感到由于缺乏锻炼带来的种种身体不适,当我"被迫"锻炼后,才发现锻炼带来的种种好处。

爬山、跑步、游泳、打球,这些项目你都知道它们的好处。那么,在中学阶段,就把打球当作一项技能与爱好去发展吧,妈妈会到球场为你加油喝彩!

2012年12月

又是一年过年时

这个年,过得如此令人难忘。

起先是在哪儿过年。连续几年回家奔波,突然让我感觉有些疲惫,希望可以平平静静地过一个小家庭的年。于是提出了到外地过年,除了满足我自己的小私心外,还有一个原因是想让你去领略一下上海大城市的风情。你的反应令我吃惊:"过年就是回家,到外地去干什么?"想想让我汗颜。我们这些人过中年的为儿为女们竟然不及一个十三岁的小孩子对于过年回家的理解深刻。

再说说你过年期间的情况吧。我知道爷爷奶奶看到身形高大的孙子定然会喜不自禁,一年一度的大团圆,十几口人围坐在一起,想想就热闹。可能是这种感觉给你留下了极其深刻的印象,还有那好玩的X-BOX(私下想你不会仅仅因为这个才惦记回家的吧）。记得你小时候，因为西安没有太多的亲戚，你对于爷爷奶奶姥姥姥爷的概念都很模糊，好像那些名词只是对老年人的一种称呼。有一天你从幼儿园回家问我："别人都有舅舅，我有吗？"我当时笑了："你有两个舅舅呢。"可是这些亲人在你幼小的心灵里似乎很难与现实对应在一起，虽然西安有大姨、伯伯，你还是分不清他们跟我们家是什么关系。后来看到你作文中出现的对于老家的描写，我明白了，老家对于你而言已经与亲人、团圆画上了等号。去年你得知爷爷奶奶已经迁至新居，你感叹怀念那个拥挤的老房子。我心里涌上一阵热流，我儿子是如此的细腻与温情。

长大的标志不仅是个子窜了，心智也逐渐成熟了起来。你给长辈们的拜年词用心良苦有目共睹；你每天按时作息，赢得了大家的一致称赞，伯伯赞叹你比哥哥遵守时间约定，说了几点过来就几点过来。你回姥姥家自己早上起来叠好被子令我诧异，在家里无论我如何苦口婆心，你都要保持"宅男"的凌乱。你说，那是在家里，在家里可以放松。在姥姥家跟我们睡在一起，我知道你不情愿，可是当我说明原因，你什么都没说。看来你真的已经成为一个能理解人、对自己负责的孩子了。

昨晚，我跟你说起白阿姨对你的期望，你答应开始做培优数学。我觉得我还是对你小觑了，你并不是满足于目前状态、不愿意给自己更多压力的孩子。D3班，给了你成长的动力，但目前这个动力已经没有办法继续支撑你走得更快，你需要内心的激励，那种对优秀的渴望以及对自己潜力的自信。我们都已经看到了你这点。这个学期，相信你会做得更好。

2014年2月

第五章 成长路上第一次

成长路上第一次

第一次撒谎

一年级开学不久,就到了中秋节。中秋节前一天,奇奇生病了,头晕、肚子疼,晚上吐得一塌糊涂。于是请假,不去上学了。

在家里待了一天,到了晚上,看起来一切正常了。问妈妈,明天上学不。妈妈说,如果早上起来正常就去学校。

第二天一早依然没什么意外,就准备上学去。可是到了楼下,不想去,害怕再吐。妈妈不同意,就大哭起来。妈妈没法子,那就回来吧。

上午打电话,精神很好,妈妈说,那你就学习吧,按照你们正常上课的样子,写生字,念课文。

晚上带着奇奇去大姨家送别即将回老家的姥姥姥爷,出来后,妈妈带着奇奇在路边打车,儿子突然说:"妈妈,我今天不好,我撒谎,我没有生病,装病。"妈妈安慰他说:"没事的,我知道你今天担心去学校万一吐了会很难受的,再说我们不是在家里已经学习了吗?"小伙子再没说话。

回去已经很晚了,小伙子已经瞌睡得不行了,赶快睡觉。可是近半个小时过去了,迷糊中的妈妈突然听到儿子说:"妈妈,我都哭了。"一摸,果然,脸上全是泪水。为什么啊?"我难受,我今天装病……"

2006年10月

第一次受打击

一年级下学期刚开学,奇奇很高兴地告诉我,他当小组长了,是值日小组长,负责安排四个同学做值日。奇奇很兴奋,与妈妈一起讨论如何当好小组长,妈妈告诉他,要自己先做难做的部分,安排好同学的工作。为了做好小组长,他开始在家里学习做家务,擦桌子,然后满怀信心地等待着值日的到来。

一个晚上,他告诉我,下周二就是他们组的值日时间,可是他们小组与另一个小组合并了,组长不是他。

妈妈听后心里一沉,虽然奇奇的语气很平静,但还是能感受到他内心的难受。不过妈妈还是告诉他,要认真做好值日工作。

那一天,妈妈很难受,一直在考虑要不要就此事去跟老师沟通。爸爸的意见是,让他自己努力,争取得到老师的认可。妈妈虽然也有此意,但深知自己的儿子是个内心很敏感的孩子,他表面看起来对一些事情似乎不在意,其实心里并非如此。上学以后,好像原来的自信心也少了,妈妈希望用鼓励的方式能够让他的自信心恢复,但他总觉得自己不如别人好。

接下来的一天,他告诉我,值日的时候准备去洒水,因为洒水最轻松。

值日这一天,回家后,妈妈问他,他说,他扫地了,但扫得不好。

这件事让妈妈很犹豫,本质上,不希望介入他的生活,最好由他自己去适应,可是,看他这样的情况,心里又很不忍。也许对于老师来说,不可能了解到每个孩子如此细微的心理变化,但这第一次碰到的难题,却深深地留在了我们心底。

2007年3月

第一次住豪宅

奇奇七岁时全家到北京过了个年。

北京是奇奇十分向往的地方，早些时候说到过年，奇奇唯一能想到的是回老家，今年想换个地方，自然首选北京了。而且二姑家在北京，年初二，他们就到澳洲旅游去了。我们家既能在一起过年，后面自由活动也非常方便。

二姑家给了奇奇很大的震撼。"像个迷宫。"这是奇奇的第一印象，五室的房子，让奇奇有点晕。然后是洗澡设施，有带按摩的沐浴房和大三角盆的冲浪浴，奇奇一个一个地试，尤其是满浴缸的泡泡让他很着迷。这些给了他对未来生活的向往。

回到家后，奇奇给妈妈提了一个要求："以后买房子，给我房间里也带一个卫生间。"爸爸说，我们已经买了两套房了，下来该你买了。啊？这个问题有点难了吧。妈妈趁机给奇奇上一堂理财课。"你看，买房子可不像买玩具那样，想买就买。因为房子要花好多的钱。如果按照一套房子70万元来算，让你们王老师来买，需要多少年？假设王老师一年挣两万元。"奇奇掐着指头算，二年级还没有学到那么难的除法，不怕，有办法，二二得四，二三得六，二四得八，那60除以2就是30，10除以2是5，应该得35。不错，爸妈很满意，接着教育："如果让你爸爸来买，也得好几年，可是如果让你二姑夫去买，一个月就够了。你选择哪一种？"趁机理财加励志就教育完了。

奇奇嘟囔着说："我选择中间的。钱少了肯定不行，但钱太多了，挣钱太辛苦。"

啊？！不会吧，奇奇的回答让爸妈有些大跌眼镜，相视一笑后，妈妈不甘心："你看二姑夫也不辛苦啊。"妈妈决心找出个最活生生的例子说服儿子将来发财致富。

"要挣好多钱，就要学很多知识……"

在儿子看来，既然爸爸都大学毕业了，还不能挣那么多钱，这个难度肯定是太大了。

看来豪宅对孩子的吸引力不过如此嘛。

2008年2月

第一次捐款

晚上放学回来，奇奇告诉我们："我们班捐款了，我没捐。"理由一是忘记带钱了，二是没捐款也不代表就没爱心。我们心里明白，那是因为头一晚告诉他捐款一定要捐自己的，而他正在努力攒钱准备买一个玩具。

我开始不再只自己关注那些催人泪下的新闻报道，叫奇奇跟我一起看新闻，给他讲四川那个地方发生了多么可怕的事，有多少无助的人正在面临着怎样的绝境。奇奇有点动心了，说要捐1.1元，因为1元钱可以买1个面包。老妈继续对看起来没多少同情心的儿子进行教育。设想如果我们也处在这样的困境下，所有的人会不会也只捐1.1元。设身处地地教育看起来比较有效。"铁石心肠"的儿子说要捐100元，并且说好明日到对面的捐款处捐款。

周六上午，去练跆拳道，妈妈看到门前果然有红十字会在募捐，接他回来时，说起捐款的事。小伙子时过境迁，又心疼起自己的钱来了，说："如果捐的不是我的钱就好了。"那有什么意义呢？于是再三说服，并拿出10元和20元由他来选择。他还是想不通。没有耐心的妈妈只好用了最后一招："如果捐100元，就可以给一个爱心奖励，买麦当劳吃。"小孩子最终还是敌不过老妈的狡猾，居然也不算算这对于他意味着什么，欢呼雀跃地去捐款了。

捐款的手续还比较正规，需要写明捐款人的姓名及金额，还发了一个心形的五星红旗贴到衣服上，还有一个众人签名的海报。妈妈告诉奇奇在海报上签字可以大一些，这样到了灾区会有人看到是谁的名字，奇奇有点不好意思了："不会太有名了吧？"一起练跆拳道的锐锐弟弟看到奇奇捐款，也跟了过来，捐了100元。妈妈再一次对奇奇进行教育，看，奇奇这一捐，就把100变成200了，这就叫众人拾柴火焰高。奇奇获得了极大的满足，再一次检讨自己，做得不够好，因为捐款应该是主动的，不应该让妈妈来说。

回到家里，奇奇自豪地让爸爸阿姨看衣服上的心形红旗贴，并且对自己也提出了要求，不能把这件衣服弄脏，也不能洗它，因为"这是我的光荣"。

"光荣"完了，老妈自然要履行自己的诺言，要奇奇还钱。不幸的事情发生了，奇奇清点了自己的零花钱后，发现总共也不够100元，小伙子着急地要哭了。爸爸想了一个折中方案，先还妈妈50元，剩下的慢慢再还。并且再一次给奇奇做了个理财教育："下次再干这种事时，先要想清自己究竟有多少钱。"

2008年5月

第一次竞选

晚饭时，奇奇说今天班里开始评选年级表彰人物了，有五名"好孩子"，十名"三好生"，两名"优秀班干部"。我漫不经心地听着，这些荣誉几乎与奇奇无缘。却突然听到他说他跟另一个同学角逐好孩子并列第五名，然后进行了第二次评选，结果那个同学以三十票对十七票打败奇奇。之后进行了优秀班干部的评选，奇奇第一个举手选了自己，理由是，上学期，他做了唯一的一次值周班长。这个我明白，那个周他的表现出奇得好，但这也不能成为当选优秀班干部的理由吧？但是这次值周班长的经历，让他们班把丢失的小红旗给扛了回来，因为他赢得了两个魔方（一种记录同学表现优异的标志）；此外，在他做值日组长期间，又为班集赢得了一次荣誉，获得一个魔方；另外他们学习组在接龙比赛中获得了两个魔方，他因此获得魔方的总数是五，而另一名与他竞争的同学是零，优秀班干部的名额是男女生各一名，因此他无可置疑地胜出。

我几乎不敢相信自己的耳朵，这是我那个做什么总觉得自己还差一点的儿子吗？怪不得刚才他叫爷爷不能表扬他以防他翘尾巴，我们还一致说他现在是妄自菲薄，而不是翘尾巴。每学期末去开家长会看到各科成绩的自评时，他从来没有给自己打过五个红星。看一看旁边的孩子，总是满满的红星，而他总觉得自己还有很多缺点。考试要考100分，对他来说也难于登天，恨得老妈总想不通自己从小追求上进，怎么生出这么个得过且过还心安理得的孩子。可是这次他居然信心满满地举手第一个去举荐自己当全班只有一个男生名额的"优秀班干部"，看来我的眼光要改改了。

2008年6月

第一次参加奥运会开幕式

2008年中国第一次承办奥运会，我们争取到了开幕式的门票。对于只有八岁的奇奇来说，这到底意味着什么，一向视安全为第一的父母并没有想太多，是啊，能够有此殊荣已属不易，其他的一切都不在话下了。

拿到票后，发现问题来了。奇奇的票跟爸爸妈妈的不但不在一起，且还不在一个区，九万多人的现场，换票估计不可能。赶快查了一下还有谁跟他一个区，还好，伯伯在，但座位不在一起。历来对安全防范要求甚高的小人儿显得有点手足无措，妈妈安慰他说给他专佩一个手机，奇奇的表情似乎才稍微轻松了些。

去北京的火车上，奇奇兴奋得睡不着觉，坐火车本就兴奋，想到明天要看开幕式，愈加兴奋。妈妈很冷静，为次日的熬夜做准备，十一点就睡着了，那时奇奇正与爸爸玩得起劲。

八号早上七点多到北京站时，奇奇睡得正香，不过一听到北京了，立刻就睁眼起来了。

白天照例是疯玩一天。

这天是著名的桑拿天，下午四点我们出发，先走路去坐地铁，十几分钟后进入地铁时已是浑身大汗。换乘奥运专线的地方要先到地面进行安检，黑压压的人群看不到边，夹杂着湿热的空气更让人窒息。等待是漫长而痛苦的，不过似乎没一个人急躁，因为大家心里都充满了期待与兴奋。

正式进入鸟巢是六点半，门外已守候着击缶大军，穿着长衣大袖的衣服在湿热的空气中静静地坐着，他们的心也许已被激动溢满了吧。

和爸爸妈妈在鸟巢门前告别后，与伯伯走进场馆。快开场时，爸爸给妈妈打来电话说与伯伯联系不上，妈妈登时紧张了，赶快打电话，没人接，继续打，还是没人接。再打奇奇电话，通了，可是一通嘈杂之声压根就听不清楚，隐约听到身边似乎有伯伯声音，有点安慰了。开场前八分钟左右，奇奇打来电话，问卫生间在哪里？

中间奇奇又来电话了："妈妈你看得怎样？"

"我看得很好。"

"我看得更好。"

倒计时、唱国歌是那么令人激动，以至眼泪夺眶而出。后来与奇奇交流时，他的眼神有点奇怪，似乎不明白妈妈怎么会将流泪这么丢人的事情若无其事地说出来。

在电视上看过一些开幕式的转播，身临其境后的感觉是如此不同。似乎所有的人都被一种狂热的情绪包围着，整个现场就是一个沸腾的熔炉，盛况空前绝对毫不夸张。

散场后担心出场会很慢，结果完全多虑，几乎没有太多的等待，一路顺利，坐着地铁就回宾馆了。

回去已经很晚了，妈妈担心奇奇困了，回答没事，一家人全都沉浸在激动得难以平复的心情中。又在电视上把精彩画面重温一遍，一直到凌晨三点。回答说不困的儿子倒在枕头上，瞬间睡着了。

一觉到次日十一点半，激动之后的身体逐渐复原，下午带奇奇去天文馆，老爸与老妈基本处于昏睡状态，倒是奇奇看来已完全恢复活力，元气满满。

与奇奇回忆起这一段经历，很多情景已经淡忘，唯有那天的空气与鸟巢内的场面还有深刻印象，但是，他说，当时年纪小，并不清楚这个活动的非凡意义，但现在想来才知如此难得。

我想做父母的很多时候就是尽可能多地创造一些跟孩子在一起的第一次，这也与奇奇"经历丰富的人生"的心愿不谋而合。

写于2008年8月，改于2019年5月

第一次受挫

奇奇练跆拳道已两年了，蓝带以前的考试一直很顺利，逢考必过。然而在晋级蓝红带时遇上了麻烦，考试科目中的跳前踢击破头顶四十厘米处的木板一项没有通过，可能是动作不对，可能是高度不够，可能是力量不行……每一次都只听到像是脚趾头磕到木板上清脆的"嘣"，这声音让我心里直打哆嗦。

很多没有通过的孩子当场就哭了，奇奇只是板着脸，面无表情。

这是孩子遭遇的第一次挫折，于是老妈亲自出马，去与教练沟通，在家在道馆陪着奇奇一起练。训练中，让老妈很焦灼的是奇奇虽然动作有了很大改进，但依然无法破板。老爸并不担心，说这种功夫要到考试时才能爆发出来，但老妈的担心是，以奇奇的心态，如果没有信心，上场就先胆怯了。

考试前一周，奇奇训练时扭伤了右脚，次日去训练回来脚肿了，老妈说不能再去了。奇奇很着急，那怎么办呢？反复地跟妈妈商量，妈妈为其晓以利害，说到底是脚的康复重要还是考试重要，奇奇说都重要。两天后看起来稍好一些，就继续训练了。

考试前一天，奇奇状态依然如故。脚能好一点了，可破板还是没有进展。妈妈有些担心，这是奇奇碰到的第一次挫折，不知道他能不能正确对待。反复给儿子讲明如果这次考不过也没什么，总之我们尽力了。

考试当天，奇奇说，晚上没睡好，因为老在担心考试。

正式考试的时间到了，老妈跟儿子一样紧张。助跑，起跳，踢——，非常顺利，一脚破板。奇奇当即兴奋地向妈妈致意，比老妈想象的要顺利得多。

事后，奇奇说："第一，这次考试成功的把握有51%，那个'1'就是我这一个月的训练。第二，这次考试我有三怕，一怕助跑停下来，二怕踢时腿打弯，三怕木板踢不破。第三，就算考不过又能怎样？我把木板当怪兽，爸爸能用手刀打破（当天上午，老爸为给儿子打气，用手刀把木板击破，为此还让奇奇大哭），我用脚一定也能打破。这话你可不能告诉爸爸，他会笑我幼稚，居然还提怪兽。"

奇奇这次受挫，让老妈很有感触。其一，儿子第一次经历了失败，失败是成功之母啊。当把这个想法告诉奇奇时，他不同意，为什么要经历失败，没有失败不是更好吗？

其二，儿子比妈妈想象得坚强，没有知难而退，而是知难而进，特别是脚受伤后，没有以此为借口，忍住了脚的疼痛，克服了自己心理上的畏难。

其三，这才是儿子经历的第一次挫折，老妈就如此不堪一击，今后的人生路还很漫长，我们又该如何面对？

2008年10月

第一次爸妈不在家

老爸老妈去旅游了，奇奇获得了前所未有的自由。

开始老妈有点不忍，是否带他无法定夺。想来想去，带他去，请两三天假吧。

初始的目的地是张家界，因为那是儿子在看《虹猫蓝兔七侠传》时非常心仪的地方。

"爸爸妈妈要去张家界旅游，你请两三天假吧。"

"不去。"口气斩钉截铁。

"那我们去海南。"看海也是儿子最为神往的。

"不去。"口气依然无比坚决。

"就请一天假。"

"不请。"

"你不是一直想去看海吗？"老妈开始诱惑。

"第一天我是爽了，可第二天就要倒霉了，要补课，补作业……"

"那你生病时不是也请假了吗？"老妈贼心不死。

"生病能和出去玩相比吗？"口气咄咄逼人。

老妈无语。

既然如此，老妈不再忐忑，也就收拾行囊准备出发。临行前再三叮嘱，一切都要按照爸妈在的时候那样做。

在外的日子，老妈每晚一个电话，不想第一晚就遭到冷遇，儿子不情愿接，好不容易催来了，很是不耐烦："什么事，快说，忙着呢。"

又有一晚，老妈打去电话，依然不想接，老爸有意见了，要求必须接。于是听到的第一句话是:"我把口香糖快吃完了。"那是走前一日在柜中偶然发现的一大包。老爸问:"你每天吃几个?""不敢说了,再见。"

又有一天,老妈意外地接到了奇奇主动打来的电话:"妈,我想在饭后吃个冰激凌。"

"那你这两天咳嗽没?"

"我不知道。"

"你咳嗽怎么会不知道呢?"

无语,然后电话挂断。隔一会儿,又打来了:"好像这两天没有咳嗽。"

老妈有点不忍了:"那你就饭后慢慢地吃一个吧。"

"好,饭后慢、慢、慢、慢地吃,谢谢妈妈!"最后已经是掩饰不住的喜气。

回到家里,老爸老妈欣喜地发现,不在家的这几天,儿子又有了一个新兴趣,为漫画书配音。接下来的一日,老妈对照着漫画书,听着儿子用手机录下的长达十多分钟的配音,发现小家伙不但把漫画中的文字部分绘声绘色地读出来了(尽管其中有很多错别字),而且在上下情节的过渡上,自由发挥得很出色。看来在这七天的自由世界中,小儿子又找到了发挥自己充沛精力的好去处。

2008年11月

第一次去农村

从未去过农村的奇奇在这个假期实现了跟阿姨一起回农村的心愿。

走之前,对这次农村之行的期待有三点:"看看猪,摸摸鸭子,看看小鸡是怎么孵出来的。"前两个好实现,现在可不是孵小鸡的时间啊。

满怀期待的儿子回到农村后的第一晚跟妈妈说:"妈妈,哥哥的游戏机可好玩了。"看来小孩儿立刻就找到了自己的兴趣点。

第二晚说:"妈妈,你过得好吗?"把老妈感动的……

第三晚去接奇奇,接受了阿姨一家隆重的接待。临行前,好客的阿姨一家送我们到车上,问奇奇:"以后还来不?"

"来!"儿子响亮地回答。

路上,接受了农村洗礼的儿子滔滔不绝地给老爸老妈讲述三天的经历:"农村啥都好,就是蚊子多,上茅厕不好。"看来真是入乡随俗啊,连茅厕这样的词都用上了。

"到了养猪场,发现里面不仅养猪,还养鸭子,小鸡,还养苍蝇。"哈哈,这个说法奇特。

"猪妈妈一次生了好几个猪宝宝,猪宝宝们挤在一起晒太阳,可好玩了。"我也觉得这是童年记忆中很经典的场景。

"猫的眼睛真的跟书上说得一样,随着光线变化。"活学活用,理论终于联系实际了。

"小猫的叫声可好听了,'喵……',比我叫得还响。"儿子,妈妈太佩服你了,居然说出这么经典的话。

"猫妈妈可厉害了,白天在外面飞檐走壁。"这个词用得真好。

"猫真的有爪子,我逗它玩,把我手都抓破了。"爸爸说,儿子你肯定是惹它了。

"奶奶家那两只猫有一只是女猫。"儿子,那个不叫女猫的。

"猫屁股后面除了有肛门,还有一个洞。"这个东西是什么,现在不能告诉儿子。

妈妈问:"想妈妈了没?"

"想电脑了。"

这个儿子……

2009年7月

第一次被隔离

似乎觉得这件事跟自己无关,所以在别人储备预防知识与药品的时候,我并没有太过积极,突然间,甲流就这样光顾了儿子。

　　事后,可以用有惊无险来形容。毕竟,来势汹汹的高烧仅持续了半天,第二天体温就已完全恢复正常。萎靡不振的儿子在医院折腾了三小时,回家休息了一小时后竟然跟没事人一样地生龙活虎起来。如果不是医院出具了双阳性的诊断,完全可以将这次发烧当成一次普通又普通的小病。但确诊是甲流患者让这件事变得不再普通了,向学校报告,向单位说明,不断的电话问候,保姆临阵脱逃,家里开始使用隔离单间,消毒水频繁使用,与奇奇接触要戴上口罩,使家里家外都感受到了隔离与甲流的严重。

　　听到确诊甲流那一瞬间奇奇将口罩拉到了眼睛上。

　　回到家里,奇奇看到我们都只露两只眼睛出现在他面前,说了句:"太夸张了吧。"

　　隔离期间,奇奇一个人睡觉,一个人吃饭,自己把吃完的碗筷放到门口,然后按照学校的要求,自己学习做作业。在门口贴了一张"奇奇重地,闲人禁止入内"的条子,把自己的药瓶也写上"奇奇专用"。

　　来自四面八方的消息,明白官方统计的确诊病例也许并不是全部,更多的人采取了在家自己治疗。不上报,不周知,也许莫名其妙的得病,也莫名其妙的就好了,至于是不是甲流,已不再是关心的问题。单从学校来说,如果真的都上报了,估计没几个班能上课了,所以当老师接到我的电话时,一再说"你们真负责"。心内也想,这到底是不是负责呢?

整日的隔离让奇奇烦躁无比,只能庆幸这种烦躁总比身体的病痛更容易让人接受。

比较难熬的是年幼的孩子在此期间不能与爸爸妈妈亲密接触,以至于奇奇一再问什么时候才可以跟我睡。

解除隔离后母子俩终于可以一起睡了,孩子要求妈妈要一直面对着他。

隔离结束了,但为了避嫌,不能到别人家玩,于是正好跟爸妈一起去享受一下户外阳光吧。

2010年10月

第一次重大抉择

周末去参加家长会,完全一场给家长的拧螺丝会。虽然开学后才上五年级,可一年后的十月份就将开始重点中学的录取考试,备考的硝烟味四处弥漫。

奥数到底要不要上,两位家长意见有些不统一,那么,听听奇奇怎么说吧。

奇奇躲着不出来。妈妈说:"这是与你相关的大事,必须得听你的意见。"

儿子说:"我如果说上吧,爸爸不高兴;我如果说不上,妈妈不高兴。"

敏感的儿子早就从两人的言谈中洞察一切了。

妈妈说:"你来选择是上重点中学还是普通中学吧,如果上重点,就必须上奥数,因为要考奥数;但是你可以选择不上重点,比如现在的附中,那么可以不上奥数。"

"有没有在重点与普通之间的选择?"儿子要走中庸路线,可惜没有这样的路。

于是他拿着一张纸一支笔开始画。爹妈在一边继续回答他的提问。

"上了重点是不是就一定可以上好大学?"

"不一定,如果你不好好学习,照样会考得很惨。"比如某某某,给了一个真实的例子以便奇奇理解。

"普通中学也会有好的成绩,只是高手会少一些。"老爸还是比较客观的。

"按你们学校的情况,会有一半学生进入重点中学。"这样的说明也许更直观,毕竟他刚取得了第四名的好成绩。

"你可以选择普通中学,爸爸妈妈不会责怪你。"无论如何,宽心话是要说的。

"哼,你们表面上不说,心里会鄙视我的。"好儿子,洞察世事。不过儿子,爸爸妈妈倒无所谓,关键是你自己会很难受。

小孩子还是挺痛快的,三下两下就明白了其中的利害关系。站起来说:"上重点,现在我要去减压了。"然后就出门玩去了。

爸爸妈妈很好奇那张纸上到底记了什么,拿过来一看,不由哈哈大笑。是一张简单的决策图,分析了两种选择的后果。

晚上妈妈很好奇地问儿子:"那个图到底是什么?"

奇奇说:"是树图。"

"你怎么会用树图?"

"经典数学上有。"好儿子,活学活用。

2010年11月

儿童的世界观

做大人还是做小孩

奇奇感叹做小孩真不幸福,妈妈说:"也是,做小孩不好,那就做大人吧。"
"大人也不好,还要工作,做好多事情。"
"那就做老人吧。"
"老人也不好。"
"为什么呀?"
"老人会死,我怕死。"

2005年5月

老婆替我穿衣服

奇奇总觉得爸爸对他太严格,妈妈以事情的两面性来教育奇奇:"妈妈对你很好,很有耐心,经常心疼你,什么事都替你,比如上一年级时,心疼奇奇早上起不来,总是替你穿衣服,但妈妈不在时,奇奇怎么办呢?"

奇奇有点想不清楚。

妈妈就开导奇奇:"如果一直照妈妈的做法,将来你都长大了,还不会自己穿衣服,可咋办呀?"

"让老婆替我穿衣服。"

…………

2005年6月

几难选择

妈妈问儿子:"如果有一个很好玩的地方,但是只允许两个人去,咱们家谁去?"

"我和宝宝(邻居儿子,小他半岁)去"。奇奇想了想后回答。

"不能两个小孩去。"妈妈成心为难儿子。

"那我就自己去?"

"不能一个人去。"

"要求只说是允许两个人去,并没有说一定要两个人去。"

"不行,小孩子不能一个人去。"

看来必须要在爸爸妈妈中选择一个了。

"那我就和爸爸去。"

"你不是说和妈妈好吗,怎么不跟妈妈去呢?"我假装生气。

"那我就和妈妈去。"

"那爸爸以后不给你买玩具了。"

奇奇又想了一会儿,气冲冲地说:"那就你们俩去好了,我一个人在家里,专门玩你们平时不让我玩的玩具,随便看电视。"说到这里,已经有些得意了。

小儿子始终会让自己处在有利地位。

2005年7月

老家印象

奇奇出生在西安,爸妈都属于外来户,所以这个城市里没有多少亲戚。回老家的次数也屈指可数,以前对爷爷奶奶的概念也只认为是对老年人的一个称呼。至于其他的舅、姨、姑等也都弄不太清楚这些称呼是什么意思。有一天奇奇从幼儿园回来,问妈妈,别人都有舅舅,我怎么没有?妈妈说,你不但有,还有两个舅舅呢。从三岁后,我们回家的次数多了,有两年都回到老家过了年,大家族的亲情以及热闹给奇奇留下了深刻的印象，打那以后，一到放假，就说要回老家。

对老家的印象一，老家的房子都很旧。爷爷家是一个平房院子，奇奇认为，这是老家最明显的标志，有一次说到将来我们老了的时候，奇奇说，那我们是不是也要回到老家这个旧房子来？看来叶落归根的思想不用提醒，小儿子自然就明白了。

对老家的印象二，二姑家是一个带院子的二层小楼，奇奇非常喜欢那个地方。回到老家的第一晚，奇奇把爷爷家巡视一遍，就忐忑不安地来问妈妈，晚上我睡哪儿？妈妈逗儿子，你就睡地上吧。这话让奇奇更加不安，因为爷爷家确实没有那么多床。等到去了二姑家，他立刻有了主意，就睡这儿，哪儿也不去了。及至后来，每每说到对未来家的向往，奇奇都会希望有一个像二姑家那样的带院子的二层小楼。

对老家的印象三，奶奶脸上的皱纹很吓人。奶奶是个大脸盘，而且比较胖，但毕竟上了岁数的人，脸上一道一道的皱纹十分明显，像一道道横沟，这让奇奇感觉害怕。

回老家要坐火车，奇奇是个闲不住而且爱研究的孩子，很快，一来二去，他就对火车上的各种铺位有了认识。最好的是软卧，原因一是有门，外边再吵也听不到，而且很安全；二是只有两层，小孩子睡觉到上面去也不怕掉下来。硬卧有三层，可以爬上爬下地玩；另外双层的座位也比较好玩。

总结这些的时候，奇奇五岁半。这是妈妈对奇奇总结能力、逻辑思维强的第一次认识。

2005年11月

小小上学郎

奇奇上学了。突然间，成了一个小男子汉。首先是上学起床，这在以前是最困难的一件事，原来每天要睡到近八点。上学自然要早起。第一个周，爸爸不在家，小儿子要坐校车上学。六点半起床，晚上一到九点，娘儿俩就上了床，读一个故事，九点一刻熄灯睡觉，九点半小儿子就基本睡着了。

接下来几个周让爸爸开车送，可以晚起半小时，可是小儿子宁可要六点半起床，也决不让爸爸送，说要争第一，原来校车比爸爸的车到得早。某一日，爸爸早上要去学校，正好送他，硬是说了半天好话，谈判的结果是下午你坚决不能来接我。

早起还是挺困难的，原来不懂事的儿子变得异常懂事，跟我说："妈妈，你把闹钟上好，铃声一响，你就喊我起床。"有一天，没有将闹钟上好，导致儿子迟到，记忆深刻的奇奇自此之后每晚总要亲自把自己的闹钟上好，还要叮嘱我们每个人把自己的闹钟也上好。

开学的第一个月，每晚我都要陪着他一起做作业，看对错,最后整理书包。一个月之后,儿子养成了良好的习惯,每天一吃完饭就会自己张罗写作业,最后把书包整理好,成了个合格的小小上学郎。

2006年10月

搬家记事

这一年,我们告别住了九年多的旧家,搬到坐落于大学校园内的新家。

奇奇对新家憧憬已久,开始向要好的朋友广泛宣传,元旦放假期间,每天来访客人不断。

第一天,辰辰哥哥来了。高兴之余,发生了一点小小的不愉快。哥哥把一个小陀螺搞坏了,奇奇大哭。妈妈说:"没关系,我们再买一个。""不行,那是圣诞礼物。"妈妈无语,是啊,虽然那不值多少钱,但礼物可不是随便就可以买得来的。爸爸说:"这事也该怪你,谁叫你不定规矩呢?"于是,奇奇立刻回屋,不到五分钟时间,制定了一个家庭规则:一、不会使用的东西不要乱动。二、要先问主人答应不答应才可以使用。三、不能看到什么就动什么。四、不许气汹汹地说话。五、不许吓唬别人。爸爸偷偷给妈妈说,后两条是给他定的。看来做贼心虚了。

客人到家里来，奇奇先要帮他们把鞋摆整齐，然后介绍他们去他的"办公室"参观，给他们看家庭规则。客人走后，开始整理沙发，用吸尘器打扫房间，妈妈很高兴，小儿子这么勤快的。干完后，向妈妈手一伸："给钱。"呵呵，原来动力来自于此。

伯伯到家里来的时候，给奇奇带了一个提线小木偶，问挂到哪里去。妈妈出主意挂到奇奇门上，奇奇非常赞同："这是儿童房间的标志。"

有了儿童房间的标志，奇奇对他的房间还是不满意，问妈妈，他的房间应该起一个什么名字。妈妈说，就叫奇奇乐园吧，跟肯德基的名称一样。奇奇又出了一个新招："那么，那个阳台就叫冷房吧。"

新家迎来了又一批客人，妈妈的大学同学。之前，妈妈专门给奇奇上了一课，不能在客人一进家门时就要求人家按照他的规则行事。诸如摆放鞋子整齐，也不能当客人还在座时就打扫卫生等等。奇奇对于这些都重复一遍，表明已经理解。

可是当第一拨同学来时，他依然很热情地拉着两位阿姨去看他的家庭规则。两位阿姨看到其中一条，不会使用的东西不要乱动，就准备考考奇奇，说："我们不会嗑瓜子，怎么办呢？"你听奇奇怎么回答："我的办法是连皮吃下去。"

2007年11月

玩一次快乐人生

晚上在儿子的强烈要求下,与他玩了一次大富翁游戏。这个游戏以前曾听很多人说过,但一直没有真正操练过。

规则很简单,简单的人生游戏,内容包括各种职业经历,从中可以得到钱财、名誉与快乐。当然,风险无处不在,在此过程中你可能也会失去上述一切甚至包括健康。

奇奇起初很老练,开矿赚了很多钱,然后就去当影星,登月球,名声大振,玩得过了结果就住到了医院,久不能痊愈,急得他满地爬(我俩在地上玩)。而老妈我则虽很穷,但很快乐,到处游山玩水,看得奇奇直眼馋。于是出院后他痛定思痛,决定要抛弃虚幻的名气去寻找快乐,但这小子有点吝啬,不愿意出钱买快乐。不过人家运气不错,居然得到了两次去海滨度假的特别机会,由此赚足了快乐。而老妈此时则很不幸,炒股赔了,开企业经营不善,还得支付不停被催账的房租。老妈在经过反思之后,决定从政,廉洁自爱的老妈获得了市民的尊敬,得到了很多的名誉,而且由此还获得了从事其他职业的机会。

意犹未尽的母子俩躺在床上进行了一番总结。奇奇觉得,钱财、名气、快乐这三者他都想要,但钱财会需要多一点。但是如果需要舍弃,首先舍弃的是名气,有名虽然是好事,可也会带来很多坏处，比如你干点小事都会被别人盯着；其次舍弃的是钱财，这点倒让老妈颇感意外，还以为这个小守财奴会认为金钱第一呢；只有快乐是不能舍弃的，如果没有快乐，人生还有什么意思呢？

希望儿子真的能有一个快乐人生！

2008年10月

做个不被坏人害的好人

奇奇最近在看《中华人物故事全书》，这套书确实适合于孩子，图文并茂，通过简短的介绍就了解了历史。

妈妈想了解一下情况。

"孙武、孙膑、郭子仪、卫青、霍去病，你佩服哪一个？"

"孙膑。"

"为什么？"

"孙膑聪明，他用计策骗过庞涓，装疯，然后活下来，最后打败了庞涓。不过，妈妈，他为什么要躺在大粪中啊，那多臭啊？"

"疯子还管臭吗？只有这样才能彻底让庞涓相信他是真疯了啊。妈妈觉得孙膑不但聪明，他也能自强不息，一般人受了酷刑就没法坚持下去了，他却能做到君子报仇十年不晚。"

为了加强励志效果，老妈现身说法，"妈妈在上初中时本来作文次次都是范文，可是因为有一次不慎得罪了老师，从此老师再也没读过我的作文，但是妈妈不放弃，每次都用更加努力的态度对待作文，后来终于又得到了老师的认可。"

"那我又没你那么天才，作文能写那么好的。"呜呼，看来这个例子没举对。

隔几日，儿子又有感想了。

"为什么好人总是没有好下场？都被坏人害死了。"一看，正在读岳飞。

"是啊，因为好人不会害坏人，只有坏人才想着害好人。"好像有点绕口令的感觉。

"那你是想做个好人还是坏人呢？"老妈还是想测试一下儿子。

"我要做个不被坏人害的好人。"

2009年3月

无缘小动物

第一次家养小动物是奇奇一岁多时，邻居奶奶送了两只小雏鸡。我们这一代人都有过跟小鸡共同成长的经历，所以也很能理解孩子的心情。第一次与小动物亲密接触的小人自然喜不自禁，每天出门的时候都要带着一起去。可是小人不知道雏鸡成活率是极低的，很快一只小鸡就夭折了。儿子对另一只倍加珍惜，但毕竟他也是一个小人，一天在带小鸡出门的时候，不小心踩到了小鸡的腿。受伤后的小鸡没能熬过这一劫，也追随它的另一个伙伴去了。

这件事对儿子造成的影响是我几年后才知道的。那时他准备养别的小动物，可因为这件事造成的心理阴影严重影响了他对小动物的心态，跟我说起来，说那只小鸡的死是因他而起，为此他深深地内疚。

也可能因为这件事吧，之后的很长时间里，儿子没有提起过养宠物。搬家后，楼上有好几家养小狗的，经常在电梯里碰到遛狗的人，儿子的眼神里流露出无比喜欢的神情。可同时，他又是那么害怕稍大点的狗，这种矛盾的心理交织了很长时间后，奇奇终于向我提出要养一只小狗。我满口答应："没问题，不过，小狗一般都会要求跟你睡一个被窝的。"儿子一听作罢，从此再不提养狗的事了。

学校老师要求养一只小动物来观察，我们选择了养蚕。从小小的蚕卵开始，每天等待等待，终于有小蚕宝宝出来了。阿姨每天要找些新鲜的笋叶来喂，曾经动员儿子说喂点桑叶吧，这样蚕宝长得快，他坚决拒绝，理由是我们跟前没有桑树。而他听说，蚕一旦吃过桑叶，就不会再吃笋叶了，这样无异于自杀。刚开始，他每天回家还很兴奋地观察，换叶子，逐渐的，蚕长大了，每天要拉出很多黑黑的粪便，清理工作越来越难。儿子自己不上手了，便在旁边看着我们清理，还会要求我们耐心细致地不能伤害到幼小的蚕。再后来，蚕越发大了，儿子的动手欲望也越发淡了，养蚕成了我跟阿姨的工作。很快的，蚕进入结茧阶段。这次养蚕是我们饲养小动物史上最顺利、最成功的一次。尽管在此之后，儿子深叹，蚕的一生竟然就是吃、拉、作茧自缚、而后死去这样一个可悲的过程。

其间，我们还养了两只巴西龟，这也是斟酌之后觉得最容易养活的小动物。可惜就这种众人都认为极易养活的动物在我们家也未能存活，先是一只很快死去，留下那一只也在半年之后一次旅游归来后，发现其僵卧于玻璃池底，儿子自然伤心。我说咱们把它葬了吧。他说，龟是活在水里的。于是我们便把它送去了有水的地方。

十二岁生日前，我买了两只小仓鼠作为礼物送给他，他自然满心喜欢。一只公，一只母，母的那只异常活泼，可惜是一个对吃不积极的小家伙，于是便成为我经常教育儿子好好吃饭的榜样。不吃东西，两只原本一样大小的仓鼠体形很快就发生了差异。一只瘦小，一只硕大。之后不久，活泼的小母鼠变得病恹恹的。一天我回家，儿子过来跟我说，小仓鼠死了，被大仓鼠吃了。爸爸赶紧岔开了话题,说不是这样的。真相到底是什么,已经没人知道了。爸爸事后把活的与死的一起处理了。

2012年10月

童言有真义

我怀疑你是卧底

妈妈准备对奇奇的不好好吃饭实行一系列惩罚措施,爸爸不同意:"奇奇,我们都举手表示不同意。"

奇奇不动声色地说了句:"我怀疑你是卧底。"

2008年5月

劫色

妈妈突然将毫无准备的儿子裤子脱下,奇奇大叫一声:"劫色啦!"

2008年6月

男人与男孩

妈妈问儿子:"男人和男孩有什么区别?"

"男人是爸爸,男孩是儿子。"

这么简单。

2008年10月

我是生在你家的客人

奇奇想看电视,可是又有点顾忌爸爸会说他,于是想偷偷地看,可爸爸总在卧室与客厅间进进出出的。奇奇说:"你不待在房间里,总出来干吗?"

爸爸有点生气了:"这是我的家,凭什么我不能出来,你只是住在我家的客人,有什么权力管我?"

奇奇也生气了:"我是生在你家的客人!!"

2008年10月

动物之家

吃饭时,妈妈装作若无其事地问奇奇:"刚才我回来的时候你在看什么电视?"

"啊？"小伙子可能没想到被妈妈识破了，当他听到开门的声音时，可是火速地关了电视，并飞快地躲进了卫生间的。

"我跟你说个悄悄话。"

"为什么？"

"我不能说，因为有爸爸在。"

…………

"我在看《海盗王》。"

"为什么又说了？"

"因为爸爸走了。"

妈妈想不通了。"爸爸是老虎还是狮子？"让儿子这么害怕。

"爸爸是动物园馆长，不，他是驯兽师。"

妈妈哈哈大笑，"那你是什么，老虎还是狮子？"

"我是老鼠，喜欢偷偷摸摸。"然后做了个偷偷摸摸的表情。

"我看你是小刺猬，浑身长满刺，一不高兴就扎人。"

2009年3月

几千个人制造了我

姥姥、姥爷到家里来，奇奇突然有了感慨："爸爸妈妈生了我，爸爸的爸爸和妈妈生了他，妈妈的爸爸和妈妈生了她，爸爸的爸爸的爸爸和妈妈生了他，妈妈的妈妈的爸爸和妈妈生了她，爸爸的爸爸的爸爸的爸爸和妈妈生了他，……这么多人快有几千人了吧，才制造了我。"

是呀，儿子，这中间只要有一丁点儿差错，就没有你了。小小的你居然说出这么睿智的话，妈妈佩服你！

2009年4月

太阳迟到了

周日的早上，正在睡梦中，突然被闹钟叫醒，原来是忘记把手机关掉了。奇奇迷迷糊糊醒来，窗外一片昏暗。

"哎呀，妈妈今天是周几呀，我不是脑袋给烧焦了吧？"前两天刚发了烧，儿子还对这个记忆犹新呢。

"天怎么这样啊，是不是太阳又迟到了？"

2009年5月

《2012》中喜欢的人

戈登。

这是奇奇的答案。

为什么?

"他把不擅长的事一件一件地做成了,从开小飞机到开大飞机。"有道理,想想确实如此。

"可是为什么导演最后安排他死了呢?真是好人没好报。"

"因为这是灾难,灾难面前人人平等。"老妈只好这么回答,对了,还应该告诉他,连总统都死了呢。

2009年10月

Monkey还是pig

做作业时,儿子一边做一边唱:"Dad is a pig. Mommy is a pig, too. I am a...monkey."(儿子,pig 怎么能有monkey儿子呢?)

2010年3月

办法总比困难多

奇奇午睡时一般和爸爸在大床上睡,这一天,跟爸爸商量:"今天我要回我的床上睡。"

"为什么?"其实爸爸很清楚,他是想趁机玩一下阿姨手机上的游戏。

"还得把闹钟拿来拿去的,不方便。"小闹钟一般在奇奇的床上。

"没关系,爸爸替你拿。"

"这边的枕头睡着不舒服。"奇奇的枕头比较低。

"没关系,爸爸替你拿。"爸爸今天罕见的有耐心。

奇奇突然生气了:"你总和妈妈吵架,我不跟你睡了。"然后愤然离去。

2010年4月

刮什么风

听了一次家长教育会,妈妈深受启发,决定实际执行一下。晚饭时,与儿子商量:"奇奇,咱家也开个家庭会议吧,讨论一下家里的事情。"

"不开。"儿子一副抵触的样子。

妈妈恍然大悟:"不是说你的事,可以是家里别的事情,比如如何让爸爸妈妈少吵架。"

"你跟爸爸的理念不同,根本就说不到一起去。比如在我的学习问题上,我是一只小船,你刮东风,爸爸刮西风。"

"那你自己的风向呢?"

"反正我跟你们不一样,所以总是逆着风。"

2011年5月

没有读完一本书

班里举行读书小博士评选,要求凡读了15本以上书的同学可以参加评选,一位同学的爷爷问奇奇:"你参加评选了没有?"

奇奇说没有。

爷爷很奇怪:"我看你的知识很渊博呀,一定读了很多书,为什么不参加评选?"

"我们家是有很多书,可是我连一本书都没读完,我读了很多漫画书,可是老师说要看有字的书。"

妈妈恍然大悟,原来奇奇对读书的理解是要把书中的每一页都看完这才叫读完一本书。家中的书大多是由很多小故事合起来的,而奇奇对书中一些故事有明显的取向,比如纯粹历史性的不太喜欢,就没读,因此就只能是连一本书都没读完了。

2011年6月

我的笔丢了

○ 奇奇

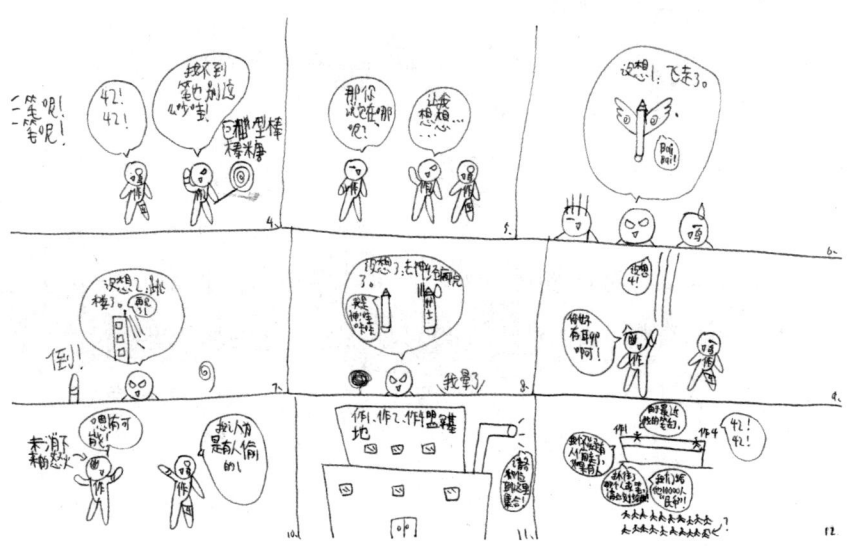